PROCÈS

DE

L'ASSOCIATION INTERNATIONALE

DES TRAVAILLEURS

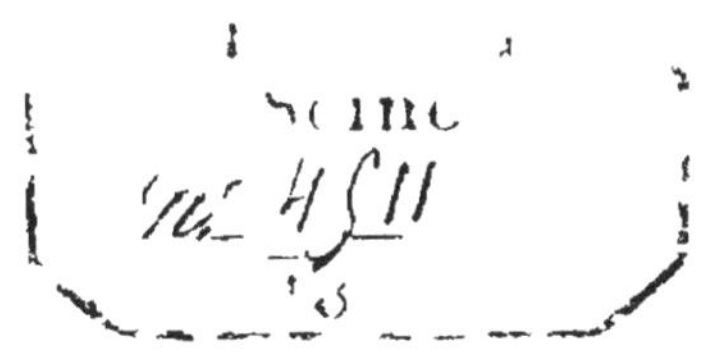

PARIS. — ASSOCIATION GÉNÉRALE TYPOGRAPHIQUE
BERTHELEMY ET Cᵉ
19, rue du Faubourg-Saint-Denis, 19

PAS DE DROITS SANS DEVOIRS, PAS DE DEVOIRS SANS DROITS

PROCÈS

DE

L'ASSOCIATION

INTERNATIONALE

DES TRAVAILLEURS

PREMIÈRE ET DEUXIÈME COMMISSIONS

DU BUREAU DE PARIS

DEUXIÈME ÉDITION

PUBLIÉE

Par la Commission de propagande
du Conseil fédéral parisien
de l'Association internationale des Travailleurs

« Attendu, etc. .

« Que le but des associés était l'amélioration de la condition de tous les ouvriers sans distinction de nationalité, et ce par la coopération, la production et le crédit,

« .

« Condamne, etc. »

(Procès de la 2e commission — Arrêt de la cour d'appel.)

PARIS

DANS LES LOCAUX DE L'ASSOCIATION

ET CHEZ LES PRINCIPAUX LIBRAIRES DE FRANCE ET DE L'ÉTRANGER

JUIN 1870

PRÉFACE

Les poursuites dirigées contre l'*Association internationale* contiennent d'utiles enseignements pour les ouvriers; c'est donc surtout à nos camarades que cette publication s'adresse.

Des travailleurs ont été traduits devant les tribunaux et condamnés, en première instance et en appel, à l'amende et à la prison. — Pourquoi? Comment?

Avaient-ils troublé la paix publique? Non, aucun d'eux n'avait jamais subi de condamnation. Avaient-ils conspiré secrètement le renversement d'un ordre social dont ils portent les charges? Pas davantage. Leurs projets de rénovation avaient toujours été exposés au grand jour, et, pour les réaliser, ils n'avaient jamais fait appel qu'à l'étude et à la persuasion.

Pour avoir affirmé, par des faits, la solidarite de tous les travailleurs, sans distinction de couleur, de croyance et de nationalité, ils ont eté frappes en vertu de lois d'exception, édictees, comme mesure de salut public, dans les jours tristes de notre histoire.

Mais les idées justes et vraies n'en sont pas moins fécondes, parce qu'on frappe ceux qui les proclament.

L'idée mère de l'*Association internationale* (la solidarité des travailleurs), n'en portera pas moins ses fruits, parce que nous avons été condamnes ; car elle contient peut-être la seule grande idée de notre époque, celle qui permet d'entrevoir la solution de tous les problèmes devant lesquels s'arrête, impuissante, la vieille société.

Quoi qu'il arrive, — que tous les hommes qui vivent du travail le sachent bien, —*l'émancipation des travailleurs ne peut être l'œuvre que des travailleurs eux-mêmes.*

PROCÈS

DE LA

PREMIÈRE COMMISSION

DU BUREAU DE PARIS

COMMUNICATIONS DU BUREAU DE PARIS

PENDANT LE COURS DU PROCES

(Extraits des journaux)

Paris, 30 decembre 1867.

L'Association internationale des travailleurs, Société anglaise, dont le siége est à Londres, fondée depuis le 28 septembre 1864, au meeting de Saint Martin's Hall, quoique ayant toujours vécu au grand jour et exposé ses aspirations et son but dans deux congrès successifs à Genève et a Lausanne, et dont tous les journaux politiques ont publié les comptes rendus, est menacee de poursuites comme Association illicite

Ce matin, à six heures, en vertu d'une commission rogatoire, emanant de M de Gonet, juge d'instruction, des visites domiciliaires ont été operées au domicile de plusieurs des membres de cette Association

Nous ignorons encore si quelques-uns des mandats d'amener dont étaient nantis les commissaires de police ont été mis a exécution

(Courrier français)

1er janvier 1868.

En raison des perquisitions ordonnées par M le juge d'instruction de Gonet, au domicile de quelques-uns des membres et au siége de la Société, sur l'inculpation d'association illicite, la commission parisienne croit devoir prévenir les adhérents du bureau de Paris que les réunions du jeudi pour la discussion du programme sont suspendues

Un avis ultérieur indiquera la décision légale qui sera prise à ce sujet, le jour, l'heure et les conditions des prochaines réunions

CAMÉLINAT, FOURNAISE, MURAT, CHEMALÉ, TOLAIN, HÉLIGON, BELLAMY, DAUTHIER, BASTIEN, PERRACHON, GAUTHIER, DELAHAYE, GUIARD

---

15 janvier 1868.

L'instruction commencée contre l'Association internationale n'ayant pas encore abouti, les réunions publiques du jeudi, pour la discussion des questions à traiter au congrès de Bruxelles (1er lundi de septembre 1868), restent provisoirement suspendues

Un membre de la commission se tiendra, comme par le passé, tous les soirs, de huit à dix heures, au siége de l'Association, 44, rue des Gravilliers, pour recevoir les cotisations et les renseignements relatifs à la statistique du travail

Un avis ultérieur fera connaître la décision légale à intervenir, ainsi que le jour, l'heure et les conditions des prochaines réunions

Les membres présents :

A. MURAT, CAMÉLINAT, CHEMALÉ, GUIARD, TOLAIN, PERRACHON, BASTIEN, BELLAMY, DELAHAYE, GAUTHIER, DAUTHIER, HÉLIGON

---

19 février 1868.

Depuis sa fondation au meeting de Saint-Martin's Hall,

à Londres, le 28 septembre 1864, l'Association internationale des travailleurs a, chaque jour, affirmé par des publications, par la publicité que lui ont prêtée les journaux, par la conférence publique de Londres (1865), par deux congres annuels a Genève (1866), a Lausanne (1867), le caractère et la nature de son action, ainsi que le but qu'elle poursuit

Malgré tous ces faits qui prouvent d'une façon irrécusable que l'action de l'Association a toujours été publique, la commission parisienne est menacée de poursuites, non-seulement comme représentant une société non autorisée, mais encore comme dirigeant une societé secrete

Si étranges et si peu fondées que soient ces accusations, qui ont surpris profondément, et avec raison, tous les membres de l'Association internationale, il n'est plus possible aux membres de la commission de laisser se prolonger plus longtemps une situation fausse, qui porte atteinte aux intérêts de l'Association.

Suspects à l'autorité, les membres de la commission ont cru devoir provisoirement suspendre les réunions du jeudi, où se discutait le programme du prochain congres de Bruxelles, ils n'ont donc plus la liberté d'action nécessaire pour remplir le mandat qui leur a été confié : « Poursuivre et assurer par la propagande le développement de l'Association »

Dans cette situation les membres de la commission :

Considérant, qu'ils ne peuvent donner satisfaction aux vœux légitimes des adhérents qui demandent que les réunions du jeudi recommencent pour la discussion du programme,

Considérant que, privés du droit de réunion, ils ne peuvent assembler les adhérents pour justifier de la gestion, de la comptabilité, et remettre au besoin à l'Association le mandat qui leur était donné,

Considérant qu'en cette occurence, c'est a tous les adhérents du bureau de Paris qu'il appartient de prendre en main les intérêts de l'Association, que la commission se trouve forcément dans l'impossibilité de sauvegarder et de défendre,

La commission décide que tous les membres de l'Association internationale des travailleurs (bureau de Paris) sont appelés à élire une nouvelle commission

Le vote aura lieu au scrutin de liste, par bulletin sous enveloppe, cacheté et signé, déposé au siége social, rue des Gravilliers, 44

Les noms des candidats qui se proposeront ou seront proposés, seront publiés le jeudi 27 février

Les votes seront reçus à partir du vendredi 28 février jusqu'au dimanche 8 mars, à deux heures Le dépouillement sera fait immédiatement et les noms des élus seront publiés

La commission parisienne :

A MURAT, HÉLIGON, CHEMALÉ, H TOLAIN, GÉRARDIN, CAMÉLINAT, GUIARD, PERRACHON, DELAHAYE, BELLAMY, FOURNAISE fils, DAUTHIER, GAUTHIER, BASTIEN

1er mars 1868.

Le bureau de Paris porte aujourd'hui, par la voie de la presse, à la connaissance de tous les adhérents les noms des candidats proposés pour former la nouvelle commission parisienne

MM HUMBERT, tailleur sur cristaux,
COMBAULT, bijoutier,
VARLIN (Eugène), relieur,
BOURDON (A), graveur,
MALON (Benoist), teinturier,
FELIX, menuisier,
MOLLIN, doreur,
LANDRIN (Émile), ciséleur,
CHARBONNEAU, menuisier (meubles),
CARBONNIER, peintre-doreur,
GRANJON aîné, brossier,
BELLAMY (Auguste), doreur

La commission parisienne sera composée de neuf membres

Chaque bulletin, sous enveloppe cachetée et signée, ne devra porter que neuf noms

Les votes seront reçus au siége social jusqu'au dimanche, 8 mars, à deux heures

Le dépouillement aura lieu immédiatement, et les noms des élus publiés le lendemain

Pour la commission parisienne,

Les correspondants

A MURAT, CAMÉLINAT, GÉRARDIN

---

10 mars 1868

Hier dimanche, 8 mars, a eu lieu au siége social, rue des Gravilliers, 44, le dépouillement des votes pour la nomination de la nouvelle commission

Le scrutin a donné les résultats suivants

Sont nommés

MM BOURDON, graveur
VARLIN, relieur,
MALON, teinturier,
COMBAULT, bijoutier,
MOLLIN, doreur,
LANDRIN, ciseleur,
HUMBERT, tailleur sur cristaux,
GRANJON, brossier,
CHARBONNEAU, menuisier en meubles sculptés

Pour la commission parisienne,

Les correspondants

MURAT, CAMÉLINAT, GÉRARDIN

---

13 mars 1868

La commission parisienne vient de se constituer Elle prévient les adhérents que tous les soirs, de huit à dix heures, un de ses membres se tiendra au bureau, rue des Gravilliers, 44, pour fournir et recevoir tous renseignements; elle les invite instamment à venir prendre connaissance de la situation.

MALON, VARLIN, LANDRIN, *correspondants*, MOLLIN, CHARBONNEAU, GRANJON, HUMBERT, COMBAULT, BOURDON

Un appel aux ouvriers de toutes les professions, en faveur des ouvriers de Genève, dont la grève n'a pas encore cessé, circule en ce moment dans tous les ateliers de Paris

L'appel en question fait connaître que ces ouvriers, appartenant à tous les corps de métier du bâtiment, demandent la reduction de la durée du travail à dix heures et un salaire de 4 fr environ, soit 40 c l'heure. — qu'ayant épuisé tous les moyens de conciliation amiable, ils sont réduits a cette dure nécessité *la grève*, — et qu'ils ont besoin, pour la soutenir, du concours de ceux qui comprennent la puissance de la solidarité

Cet appel porte les signatures suivantes

C. BAYLE, passementier — X BOUDON, boucheur à l'emeri — ROLLET, corroyeur — EVETTE (Edmond), tailleur — E VARLIN, relieur — MOREL, bronzier — GAUNIN, tisseur — DEGRANGE, chapelier — WANDRILLE (A), nacrier tabletier — COUTANT, imprimeur lithographe — CHAMBRELENT, bijoutier en or. — HOCHU, typographe — DORPEAUX, cordier — HAROUD (E), imprimeur sur étoffes — BOUILLET (J), relieur

N B — Les souscriptions sont reçues par tous les signataires ci-dessus nommés, et chez M Varlin, 33, rue Dauphine

---

TRIBUNAL CORRECTIONNEL DE PARIS

SIXIEME CHAMBRE

PRÉSIDENCE DE M. DELESVAUX

AUDIENCE DU 6 MARS 1868

Quinze prévenus sont cités devant le tribunal :

CHEMALE (Felix-Eugène), âgé de vingt-neuf ans, architecte,

TOLAIN (Henri-Louis), trente-neuf ans, ouvrier ciseleur,

HELIGON (Jean-Pierre), trente-quatre ans, imprimeur sur papiers peints,

CAMELINAT (Rémy-Zéphirin), vingt-sept ans, monteur en bronze;

MURAT (André-Pierre), trente-cinq ans, ouvrier mécanicien;

PERRACHON (Joseph-Étienne), trente-neuf ans, monteur en bronze,

FOURNAISE (Joseph), quarante ans, ouvrier en instruments de précision,

GAUTHIER (Pierre-Michel), quarante et un ans, ouvrier bijoutier;

DAUTHIER (Onésime-Irénée), trente ans, sellier;

BELLAMY (Jean-Victor), trente-cinq ans, tourneur-robinettier;

GERARDIN (François-Eugène), quarante ans, peintre en bâtiments,

BASTIEN (Jean-Pierre), quarante-cinq ans, corsetier,

GUYARD (Victor-François), trente-huit ans, monteur en bronze,

DELAHAYE (Pierre-Louis), quarante-huit ans, mecanicien,

DELORME (Jean), trente-six ans, cordonnier.

Ils sont prévenus d'avoir, depuis moins de trois ans, à Paris, fait partie d'une association non autorisée de plus de vingt personnes, delit prevu et puni par les articles 291 du code pénal, 1 et 2 de la loi du 10 avril 1834

Au moment ou M le président va procéder à l'interrogatoire de Chemale, celui-ci demande à poser des conclusions au nom de tous les prevenus

M LE PRESIDENT — Très-bien.

LE PREVENU CHEMALE — Plaise au tribunal ..

M LE PRESIDENT — Pardon, un usage assez prudent est de donner connaissance des conclusions au président avant de les lire, pour ne pas vous exposer a commettre quelque imprudence Passez-les-moi.

CHEMALE — Les voici

M LE PRESIDENT, après avoir lu les conclusions — Je vous engage, dans votre intérêt, à remplacer les mots *bon plaisir* et *arbitraire* par le mot *appreciation*

CHEMALE — Je ne demande pas mieux. C'est là ce que nous avons voulu dire.

M LE PRESIDENT — Lisez

Le prévenu lit les conclusions suivantes

« Attendu que les soussignés se sont présentés au greffe de la police correctionnelle, munis de leur assignation, et qu'ils se sont vu refuser communication de la procédure instruite contre eux ;

« Attendu que la communication des pièces du procès est une garantie nécessaire aux prévenus pour que leur défense puisse être complète et libre,

« Attendu que cette communication est un droit commun et qu'elle ne saurait, en aucun cas, dépendre de l'*appréciation* du pouvoir

« Par ces motifs,

« Donner acte aux concluants de ce qu'ils protestent contre cette violation de la liberté de la défense,

« Dire que le procureur impérial sera tenu de déposer au greffe les pièces dont il s'agit, et que, jusqu'à ce que les concluants en aient pu prendre connaissance pleine et entière audit greffe, ou qu'il leur en ait délivré copie, il sera sursis aux débats »

M LE PRESIDENT — Vous avez la parole pour développer vos conclusions.

LE PREVENU CHEMALE développe ses conclusions en ces termes ·

Le droit que nous affirmons devant le tribunal, et dont la revendication fait l'objet des conclusions qui viennent d'être posées, est inscrit dans nos lois, et nulle mesure administrative n'en saurait restreindre ou limiter l'exercice sans porter à la liberte de la défense une grave atteinte

On comprend, en effet, que, de toutes les garanties dont notre législation s'est plu à entourer le prevenu, la plus précieuse pour lui est celle qui, lui assurant les moyens de consulter les pièces sur lesquelles se base la prevention, lui permet de suivre pas à pas l'accusation et de combattre un à un ses arguments, en un mot, d'organiser sa défense et de l'établir sur la même base que celle choisie par le ministère public.

La loi, en reconnaissant à l'accusé le droit d'exposer personnellement ses moyens de défense, lui a, par cela même, formellement reconnu le droit de prendre *lui-même* tous les renseignements nécessaires à la manifestation de la vérité, à la constatation de son innocence.

Cette garantie n'a jamais été refusée aux inculpés traduits devant les cours d'assises, en effet, trois jours au moins avant l'ouverture des débats, l'accusé reçoit non pas seulement communication, mais copie littérale des pièces de la procedure instruite contre lui.

Or, si le législateur a cru devoir, pour assurer la libre et complète défense de l'accusé, ordonner que tous les documents sur lesquels s'appuie l'acte d'accusation lui seraient remis, nous recherchons en vain qu'elles pourraient être les raisons de droit ou d'ordre public invoquées pour refuser aux prévenus correctionnels ce que le législateur a si libéralement accordé aux prévenus criminels.

Accusés de délits exceptionnels, créés par une loi issue elle-même de circonstances exceptionnelles et devant disparaître avec les causes qui en ont amené le vote, nous ne saurions admettre qu'il fût possible de suspendre ou de restreindre à notre égard les garanties que la loi met à la disposition des accusés de crimes ou de délits portant atteinte au droit commun.

Du reste, des réponses qui nous ont été faites soit par M. le greffier ou son préposé à la garde des dossiers, soit par M le substitut de service il résulte :

Que le droit dont nous réclamons l'application n'est nié par personne, mais que, les accusés faisant présenter habituellement leur défense par un avocat, il était naturel que le défenseur vînt lui-même consulter les pièces du procès,

Que, pour le cas dans lequel nous nous trouvons,

rien n'a été prévu, et qu'en présence du silence de la loi (nous disons, nous, qu'il n'y a pas silence), il ne pouvait être fait droit a notre demande;

Qu'en outre, confier à l'accusé lui-même des pièces qu'il pourrait avoir intérêt a detruire ou à faire disparaître, ce serait entraver la marche regulière de la justice.

On le voit, ce n'est point sur des motifs de droit, mais seulement sur des convenances administratives que se base le refus de communiquer directement le dossier aux accusés.

Une seule des raisons invoquées a quelque valeur, celle relative à la disparition des pièces; mais il suffirait de delivrer aux accusés correctionnels, comme cela se fait pour les prevenus criminels, copie des pièces, pour obvier è cet inconvénient et faire disparaître tout danger.

Au surplus, c'est à l'administration qu'il appartient de prendre, pour la conservation des documents, telles mesures qu'elle jugera utiles, pourvu qu'elles ne soient point attentatoires à la liberté ni à la dignité des citoyens.

En conséquence, persister à imposer aux inculpés le concours d'un officier judiciaire, quel qu'il soit, ce serait entraver la liberté sacrée de la défense, créer en faveur des avoués et des avocats un monopole ou tout au moins une présomption d'honorabilité, et porter ainsi atteinte à la dignité de toute une classe de citoyens, en les plaçant sous le coup d'une suspicion qui, pour être générale, n'en est pas moins vexatoire.

Au nom de l'égalité devant la loi et au nom de la liberté de la défense, nous persistons en nos conclusions.

Le prévenu développe ses conclusions.

M L'AVOCAT IMPERIAL LEPELLETIER —Je demande à répondre deux mots, en fait et en droit

En fait, les prevenus se sont presentés pour demander communication des dossiers qui les concernent L'employé chargé de ce service, sans nier aucunement leur droit, leur a repondu qu'il lui était impossible de connaître tous ceux qui se presentaient en disant : « Je suis un tel, je demande communication de mon dossier »

Il leur a demandé une chose très-simple, il leur a demandé qu'un avocat se presentât avec eux, et que, dès que leur identité serait connue, on remettrait le dossier aux mains du prevenu On est alle plus loin On leur a dit que s'il y avait là une question d'honoraires, l'un d'eux pouvait écrire à M le bâtonnier, qui designerait un avocat Pouvait-on faire mieux ! La citation dans les mains de celui qui se presente ne prouve rien, quoi de plus facile que de la remettre à un ami

Les prévenus ont été au parquet, ils ont vu un de nos honorables collègues, qui leur a répété ce que leur a dit M Larousse Je le nomme parce qu'il m'y a autorisé

Eh bien ! de quoi se plaignent-ils ? Est-ce qu'on leur a refuse ce qui est un droit, je le reconnais ! mais êtes-vous dans la position des prevenus retenus preventivement ? Vous êtes en pleine liberté

La loi veut que l'on communique aux prévenus, quoi ? Les temoignages, ce qui est etranger à eux, mais ici, est-ce que cela se rencontre ? Il n'y a rien que les interrogatoires, les lettres écrites par eux ou reçues par eux, tout ce qu'ils connaissent parfaitement Il y a plus, ils sont venus avec un honorable avocat que je nomme, je ne veux rien de caché, Me Roussel, et ils ont dit « C'est inutile ! »

Si nous nous présentions avec des pièces inconnues, ils pourraient se plaindre de la position qu'ils se sont faite, mais il ne sortira rien de ma bouche qui ne se rapporte aux pièces qu'ils connaissent Leur position n'est nullement celle qu'ils veulent établir dans leurs conclusions, ils ne peuvent les prendre au sérieux, et doivent regretter cet incident qui commence d'une manière fâcheuse une discussion que je veux rendre calme et que je suis sûr de rendre impartiale

CHEMALE — Ce n'est pas un fait particulier, c'est un fait général

LE PREVENU MURAT — C'est moi qui me suis présenté avec Me Roussel, mais je n'ai pas dit ce que me fait dire M. l'avocat impérial, j'ai pris connaissance du dossier.

M L'AVOCAT IMPERIAL — Ah! vous êtes venu seul? Cependant vous avez signé les conclusions?

MURAT. — Je les ai signées au point de vue du droit.

M LE PRESIDENT. — Le tribunal se retire pour en délibérer.

Après une suspension de trois quarts d'heure, le tribunal reprend l'audience, et M le président prononce le jugement dont voici le texte :

« Attendu que par leurs conclusions les prévenus demandent un sursis appuyé sur les deux moyens qui suivent ·

« 1° Qu'il soit dit par le tribunal que M le procureur impérial sera tenu de déposer au greffe les pièces du procès jusqu'à ce qu'ils en aient pu prendre connaissance pleine et entière,

« Ou qu'il leur soit donné copie desdites pièces,

« Sur la première demande

« Attendu qu'il n'appartient point au tribunal d'enjoindre au procureur impérial de faire tel ou tel acte de son administration que la loi impose ou que l'usage autorise,

« Que les prévenus sont donc non recevables dans le moyen de forme qu'ils proposent,

« Sur la deuxième demande :

« Attendu qu'aux termes de l'article 56 du tarif des frais en matière correctionnelle et de simple police, aucune expédition ou copie des pièces de la procédure ne pourra être délivrée aux parties sans une autorisation expresse du procureur général, mais qu'il leur sera délivré, sur leur seule demande, expédition de la plainte, de la dénonciation des ordonnances et des jugements définitifs, le tout à leurs frais,

« Que les prévenus ne justifient point d'une autorisation du procureur général, non plus que d'une demande régulière au greffe, avec offre réelle du montant des frais ;

« Qu'ils sont donc non recevables dans cette deuxième demande,

« Les déclare tous non recevables dans leurs fins, moyens et conclusions exceptionnels, et les condamne aux dépens »

M. LE PRESIDENT. — La cause est remise à quinzaine.

AUDIENCE DU 20 MARS

PRÉSIDENCE DE M. DELESVAUX.

M. LE PRÉSIDENT. — Avant de procéder à l'interrogatoire de chacun de vous, j'ai à vous demander si vous acceptez tous le débat?

LE PREVENU CHEMALE, se levant. — Pardon! Monsieur le président, je suis opposant au jugement qui a repoussé nos conclusions de sursis.

M. LE PRESIDENT. — Vous êtes libres, vous et vos coprévenus, d'accepter ou de refuser le débat contradictoire; nous attendons votre réponse.

CHEMALE. — Je n'accepte pas.

M. LE PRESIDENT. — Veuillez vous retirer de l'audience.

Défaut est donné contre le prévenu Chemalé.

M. LE PRESIDENT. — Prévenu Tolain, acceptez-vous le débat?

LE PREVENU TOLAIN. — Pour ma part, je l'accepte, et je crois que tous nous l'acceptons. (*Marques d'adhesion de la part de tous les prevenus.*)

M. LE PRESIDENT. — Le débat est donc engagé contradictoirement. Nous procédons immédiatement à l'interrogatoire, et nous commençons par vous, prévenu Tolain. Reconnaissez-vous que l'Association internationale des travailleurs, dont vous et tous vos coprévenus faites partie, n'est pas et n'a jamais été autorisée ?

TOLAIN — Je ne pense pas que ce soit le moment de répondre à la question qui m'est adressee Dans la défense générale, nous plaiderons que les actes publics de notre association sont une approbation sinon légale, au moins tacite de son existence

M LE PRESIDENT — Mais vous reconnaissez que l'autorisation n'a pas éte obtenue ?

TOLAIN — Elle n'a pas même eté demandée. A quel gouvernement une Association internationale pourrait-elle s'adresser pour être autorisée ? Au gouvernement français, ou belge, ou anglais, ou allemand ? Elle ne saurait le savoir, et nul ne pourrait le lui dire. Que pourrait valoir en Angleterre, par exemple, une autorisation française, et *vice versa* ?

M LE PRESIDENT — Remettons à plus tard, pour le moment de la discussion, si vous le voulez, à répondre sur ce point, et dites-nous quel est le but de la Société

TOLAIN — Je crois encore que la réponse se trouvera tout naturellement dans la defense générale.

M LE PRESIDENT — Soit encore Mais vous savez que primitivement vous avez eté poursuivis pour société secrète, sur cette poursuite, vous avez le bénéfice d'une ordonnance de non-lieu, mais le tribunal a besoin de savoir, dès à present, et pour pouvoir guider le debat, si dans vos reunions on a discuté des questions politiques ?

TOLAIN. — En aucun temps et en aucun lieu

M LE PRESIDENT. — Où etait le siége du groupe de Paris ?

TOLAIN — Rue des Gravilliers, les lundis pour les membres du bureau, les jeudis pour tous les membres faisant partie de l'Association.

M LE PRESIDENT — Dans vos réunions il a été donné lecture de lettres d'un sieur Dupont, dans une partie de ces lettres il est traite des affaires de la Société, mais dans une partie il est parle de politique

TOLAIN — Il n'y a rien d'extraordinaire à ce que dans ces lettres il y ait des paragraphes traitant de certaines matières politiques Dupont est un ami de dix ans, il m'ecrivait comme on ecrit à un ami ; mais ce que je puis affirmer, c'est que tout ce qui, dans ses lettres, se rapportait à la politique, n'était pas lu dans les seances de nos réunions

M LE PRESIDENT — On a saisi chez vous un manifeste portant la date de 1866, imprime à Bruxelles, manifeste dont le programme est de la politique, même de la politique transcendante

TOLAIN — Cette pièce est ma propriéte personnelle, je crois être le seul en France qui la possède Elle a éte publiee par des ouvriers anglais, car il faut que le tribunal sache que chaque groupe, dans chaque pays, a le droit d'emettre telle ou telle opinion, sans en rendre solidaires les groupes des autres nations Il n'y a donc rien d'extraordinaire à ce qu'une branche anglaise ou allemande, pays où regne plus de liberte qu'en France, traite des sujets politiques que nous n'oserions aborder Je declare que nous nous sommes toujours abstenus de politique

M LE PRESIDENT — Quels sont les points principaux de l'organisation de votre Association, quel est son siege, quels sont son but, les fonctions du conseil géneral, du bureau de Paris ?

TOLAIN — Le conseil general de l'Association a éte forme à Londres en 1864 Il a ete établi que le siége de ce conseil general ne serait jamais fixe Si ce siege s'est maintenu depuis trois ans à Londres, c'est par suite de difficultés que nous n'avons pu surmonter. Quant au but, je ne puis mieux vous le faire connaître qu'en vous donnant lecture des statuts de l'Association internationale des travailleurs ; les voici :

« Considérant :

« Que l'émancipation des travailleurs doit être l'œuvre des travailleurs eux-mêmes, que les efforts des travailleurs pour conquérir leur émancipation ne doivent pas tendre à constituer de nouveaux privilèges, mais à établir pour tous les mêmes droits et les mêmes devoirs,

« Que l'assujettissement du travailleur au capital est la source de toute servitude, politique, morale et matérielle,

« Que, pour cette raison, l'émancipation économique des travailleurs est le grand but auquel doit être subordonné tout mouvement politique,

« Que tous les efforts faits jusqu'ici ont échoué faute de solidarité entre les ouvriers des diverses professions, dans chaque pays, et d'une union fraternelle entre les travailleurs des diverses contrées ;

« Que l'émancipation des travailleurs n'est pas un problème simplement local ou national, qu'au contraire ce problème intéresse toutes les nations civilisées, sa solution étant nécessairement subordonnée à leur concours théorique et pratique,

« Que le mouvement qui s'accomplit parmi les ouvriers des pays les plus industrieux de l'Europe, en faisant naître de nouvelles espérances, donne un solennel avertissement de ne pas retomber dans les vieilles erreurs, et conseille de combiner tous les efforts encore isolés,

« Par ces raisons,

« Le congrès de l'Association internationale des travailleurs tenu à Genève, le 3 septembre 1866, déclare que cette Association, ainsi que toutes les sociétes ou individus y adhérant, reconnaîtront la vérité, la justice, la morale comme devant être la base de leur conduite envers tous les hommes, sans distinction de couleur, de croyance ou de nationalité

« Le congrès considère comme un devoir de réclamer non-seulement pour les membres de l'Association les droits de l'homme et du citoyen, mais encore pour quiconque accomplit ses devoirs Pas de droits sans devoirs, pas de devoirs sans droits

« C'est dans ce but que le congrès a adopté définitivement les suivants statuts de l'Association internationale des travailleurs

« Article premier — Une Association est constituée pour procurer un point central de communication et de coopération entre les ouvriers des différents pays aspirant au même but, savoir le concours mutuel, le progrès et le complet affranchissement de la classe ouvrière

« Art 2 — Le nom de cette association est Association internationale des travailleurs »

M LE PRESIDENT — Dites un mot de l'organisation du bureau de Paris

TOLAIN — Le bureau de Paris a été organisé par un appel fait à tous les ouvriers dans un avis publie dans les journaux L'organisation de ce bureau avait pour objet de centraliser l'action du groupe de Paris, soit pour envoyer des delegués aux congrès internationaux, soit pour toute autre cause utile a l'Association, mais tout cela etait fait au grand jour et avec la plus grande publicite Il y avait un petit carnet imprime indiquant le reglement du bureau de Paris, la cotisation de chaque membre etait de 10 centimes par semaine

M LE PRESIDENT — Ce bureau s'est-il occupe directement de la propagande de la Société?

TOLAIN — Quelquefois on nous a demandé comment on constituait un bureau Le plus souvent, pour cet objet, nous avons renvoye au grand conseil de Londres

M. LE PRESIDENT — Le bureau de Paris a-t-il touché aux grèves, à celle des bronziers de Paris, par exemple, ou de Roubaix, ou d'Amiens?

TOLAIN — L'Association a pris, en effet, une part

2

aussi active que possible dans les evénements que vous venez de rappeler, et, ce faisant, nous avons cru rendre un service aussi bien aux patrons qu'aux ouvriers, en recherchant les causes des grèves

M LE PRESIDENT —On a vu des membres de votre Association à la manifestation du 4 novembre, était-ce le résultat d'un accord?

TOLAIN — Il n'y a eu aucune mesure générale prise a cette occasion, y sont alles ceux qui ont voulu.

LE PREVENU HELIGON, interrogé, donne quelques détails sur l'administration financiere du bureau de Paris — Les depenses, dit-il, se composaient du loyer, des frais de correspondance et d envois de delegues aux divers congrès, les recettes etaient formées de la cotisation des membres, soit 10 centimes par semaine

M. LE PRESIDENT — A quelle époque la recette a-t-elle éte le plus elevée?

HELIGON —Ce serait difficile à dire, car la societé a toujours eu des dettes

M LE PRESIDENT —Prévenu Camélinat, avez-vous été à la manifestation du 4 novembre?

CAMELINAT — J'y ai éte pour voir ce que c'était qu'une manifestation, ce que je ne savais pas, mais je n'ai rien appris, car je n'ai rien vu

Tous les autres prévenus, interpellés successivement reconnaissent qu'ils font partie de l'Association des travailleurs. quelques-uns declarent avoir eté presents à la manifestation du 4 novembre, mais sans y avoir été provoques par personne, et de leur propre mouvement

La parole est donnée au ministère public

M. l'avocat impérial Lepelletier prononce le réquisitoire suivant :

Messieurs,

Les prévenus qui comparaissent devant vous sont des ouvriers laborieux, intelligents, honnêtes Aucune condamnation ne les a frappés, aucune tache n a flétri leur moralité, et je n'ai, messieurs, pour justifier la prévention dirigée contre eux, a faire entendre aucune parole qui puisse porter atteinte à leur honneur

Je m'en réjouis pour le devoir même que j ai à remplir, car en vous démontrant qu ils ont violé la loi spéciale dont je requerrai l'application, je ne blesserai ni leurs sentiments intimes ni leur dignité privée, et ils écouteront, j en suis sûr, sans colere, une parole qui, toujours impartiale, n'aura cette fois aucun effort à faire pour rester calme, j'allais dire bienveillante envers eux

Une double inculpation avait motivé, dans le début, la poursuite dirigée contre l'Association internationale Une de ces inculpations, la plus grave, celle d'affiliation a une société secrete, a été écartée par l'ordonnance de renvoi qui vous saisit Nous n'avons pas voulu, sur des présomptions plus ou moins graves, vous soumettre la question de savoir si l'Association, publique dans ses éléments connus, dans ses conditions d'existence avouées, n'était pas, par des faits tenus dans l'ombre, par la poursuite d'un but caché, par des moyens d'action dissimulés, devenue une sociéte secrete, nous nous sommes loyalement demandé si la preuve était faite, si notre conscience pouvait, sans danger d'erreur, répondre affirmativement à cette premiere question, nous ne l'avons pas cru, et nous avons demandé à M le juge d'instruction, qui a adopté nos réquisitions, une ordonnance de non-lieu sur ce chef.

Vous n'avez donc plus, messieurs, qu à rechercher et à dire si les prévenus ont fait partie d'une Association illicite

Si je ne me proposais de vous le démontrer et de justifier la prevention ainsi réduite, ma tâche serait aussi courte que facile Mais en présence de la situation que les faits ont créée et que vous connaissez déjà par les interrogatoires, je crois que je dois faire plus

A côté du devoir légal, je m'impose un devoir moral, et apres vous avoir montré que la poursuite est fondée en droit, je veux vous prouver, j'espère prouver aux prevenus, que j estime assez pour compter sur leur bonne foi, qu'elle est légitime en fait

Fondée en droit! qui pourrait en douter? L'Association internationale des travailleurs est-elle « une Association? » Je ne veux pas répondre par un mot, qui pourtant cette fois ne serait ni une naivete ni une surprise, en vous disant que c'est elle-même qui s est ainsi qualifiée, et qu'il faudrait la contredire pour soutenir le contraire Mais j'ouvre les statuts, et je lis

Ici M. l'avocat impérial donne lecture des statuts déjà lus par le prevenu Tolain dans le cours de son interrogatoire, et, après s'être arrêté à l'article 2, il reprend

Ainsi, vous le voyez, messieurs, ce n'est pas une réunion de hasard, ce n'est pas une société d'un caractere privé, ce n'est pas la société commerciale ou civile qui se constitue en vue d'une entreprise a fonder et de bénéfices à recueillir, c est bien l'Association que prévoit la loi de 1834, et que caractérisent à la fois sa permanence, son but, le lien qui unit ses membres, la communaute et la solidarité de leur action pour réaliser le programme concerté

A t-elle plus do vingt membres?

Messieurs, je vous ferai tout à l'heure l'histoire de l'Association qui s'appelle « l'Association internationale des travailleurs de tous les pays, » et vous verrez que, vaste et puissante organisation, elle embrasse le monde entier, que c'est par milliers que se comptent ses adhérents; qu'en France même elle étend son réseau dans le plus grand nombre des villes industrielles, mais je ne dois m'occuper que du groupe spécial qui s'intitule « la section parisienne ou le bureau de Paris, » le seul qui soit l'objet de la poursuite, ce groupe, cette Association distincte dans l'Association générale, à laquelle il se rattache par un lien de solidarité, mais dont il se sépare par l'indépendance et l'autonomie de sa constitution, il compte plus de sept cents membres Ce sont les prévenus qui l'ont dit, ce sont leurs listes qui le révelent, ce sont leurs publications qui le proclament

Est-elle autorisée ?

Non Les membres de la section parisienne, comprenant et reconnaissant que leur association était bien de celles qui ne peuvent s'établir sans autorisation, ont demandé cette autorisation Ils avouent qu'ils ne l'ont pas obtenue Oh ! j'entends bien que vous prétendez qu'on vous a laissés, depuis 1865, vous établir, vous réunir, vivre enfin et agir librement, qu'on vous a sinon autorisés, du moins tolerés Cela est vrai, et je ne veux pas le dissimuler Je veux au contraire proclamer cette tolérance du gouvernement et lui en faire honneur La pensée qui semblait vous inspirer, celle que vos statuts révélaient, était une pensée utile, généreuse, progressive Vous pouviez, vous vouliez peut-être la réaliser dignement, noblement par l'Association Le gouvernement ne devait pas et ne voulait pas rester impuissant et désarmé devant le péril. Il vous a tolérés, et je vous dirai bientôt pourquoi il ne vous tolere plus, mais il ne vous a pas autorisés, et cela suffit à la thèse de droit que je soutiens en ce moment

L'Association que je poursuis n'est donc pas autorisée

Les prévenus en sont ils membres ?

Chacun d'eux le reconnaît Ils ne sont pas seulement membres de l'Association, ce sont eux qui la dirigent comme membres de sa commission Et c'est pour cela précisément que la poursuite les a choisis, leur faisant cet honneur de croire qu'ils accepteraient la responsabilité des actes de l'Association qui les avait elus pour chef

M. le président vous a appris par les interrogatoires qu'il a fait subir aux prévenus la part que chacun d'eux a prise aux actes de l'Association Vous vous y reporterez, messieurs, pour faire à chacun sa part dans la responsabilité commune, et mesurer dans une proportion équitable la répression encourue

Je crois, messieurs, avoir rempli la première partie de ma tâche et vous avoir démontré, rien qu'en me tenant aux généralités du fait et du droit, que la prévention était bien fondee Cela était facile d'ailleurs, et, à vrai dire, je ne crois pas que les prévenus puissent, sur ce point, élever de contestation serieuse. Toutefois, je dois examiner une objection que je n'aurais pas prévue, je le confesse, qu'on ne soutiendra peut-être pas à votre audience, mais que j'ai trouvee au moins indiquée dans l'interrogatoire ecrit de quelques-uns des prévenus Elle peut se formuler ainsi « La section parisienne n'est qu'une fraction de l'Association internationale des travailleurs Or cette Association, ayant son siége à Londres, ne peut être atteinte par les lois françaises Donc la section parisienne, qui n'est qu'un démembrement de cette Association étrangere, ne peut être coupable d'un délit imputable seulement aux Associations non autorisées en France »

Faut-il discuter cette objection ? En vérité, messieurs, j'y ai quelque répugnance, et si je le fais, ce n'est que par respect pour les personnes qui l'invoquent Ma réponse sera d'ailleurs aussi simple que décisive

Fût-elle une fraction d'une association étrangere, une association qui a en France un etablissement, des statuts et des manifestations ne peut échapper à la loi française, et si cette société compte plus de vingt membres, si elle n'est pas autorisée, peu importe qu'elle se rattache par un lien quelconque à une société étrangere S'il en était autrement, rien ne serait plus facile que de violer la loi du pays, et il suffirait, pour établir en France des associations, si nombreuses, si puissantes, si dangereuses qu elles pussent être, de les rattacher à une association etablie en pays étranger, si bien que, par un renversement complet de tous les principes de juridiction territoriale, la loi française ne régnerait plus en France Ne voit-on pas d ailleurs qu'un tel systeme, appliqué à l'interprétation de la loi sur les associations, est la plus fragrante contradiction de cette règle de notre droit « Les lois de police et de sûreté obligent tous ceux qui habitent le territoire » Voilà, messieurs, ma réponse générale et absolue en droit a l'objection

Mais j'ajoute qu'en fait l'objection n'est pas même possible, car la section parisienne de l'Association internationale n'est pas une fraction de société étrangere, c'est une société française, distincte, independante de la société anglaise, avec laquelle elle n a pas même des rapports de subordination, mais seulement de coopération et de solidarité

Est-ce que je me trompe, messieurs ? Ouvrez les statuts de l'Association internationale et lisez l'article 10 C'est lui qui vous a déjà répondu par ma voix :

« Art 10 — Quoique unies par un lien fraternel de solidarité et de coopération, les sociétés ouvrieres n'en continueront pas moins d'exister sur les bases qui leur sont particulières »

Et le règlement de l'Association, article 14, proclame et consacre l'empire de la loi de chaque pays sur les sociétés particulières qu'y fondera l'Association quand il dit :

« Art 14 — Chaque section est libre de rédiger ses statuts particuliers et ses règlements conformément aux circonstances locales et aux lois de son pays, en tant qu'ils ne sont en rien contraires aux statuts et règlements généraux »

J'ai donc écarté l'objection, et ma démonstration demeure, j'en ai la conviction, complete, victorieuse et inattaquable. Mais je vous ai dit, messieurs, que je n'entendais pas borner là la tâche que je me suis imposée Je vous ai prouvé que la prévention était fondée, je veux vous prouver que la poursuite était légitime Je veux répondre ainsi aux reproches que les prévenus, ou du moins les journaux qui se font aujourd'hui leurs défenseurs, ont élevés contre l'action du ministère public.

Que reproche-t-on donc à la poursuite? Messieurs, si vous avez lu depuis quelques jours le *Siècle*, l'*Opinion nationale*, le *Courrier français*, vous y avez trouvé l'expression des griefs de cette partie de la presse qui protège de ses sympathies l'Association internationale Ils se résument ainsi Voilà trois ans que l'Association existe au grand jour, non autorisée, mais tolérée par l'administration, son but, c'est l'émancipation matérielle et morale des travailleurs, ses moyens, c'est l'étude des questions économiques, c'est leur solution par le développement des principes de vérité, de morale et de justice

Et à une si longue tolérance succèdent tout à coup, sans motif, suivant l'arbitraire du pouvoir et le caprice de l'autorité, les rigueurs d'une poursuite correctionnell ! Si encore, ajoute-t-on, les membres de l'Association avaient oublié leur programme, s'ils avaient agité les problèmes qui mettent en péril les gouvernements, s'ils avaient fait de la politique, mais, au contraire, ils l'ont éloignée de leurs délibérations, ils l'ont exclue de leurs congrès, ils se sont renfermés dans le cercle étroit de leurs statuts, bien connus de l'administration, qui les avait, au moins implicitement, approuvés par son silence

Voilà le reproche, messieurs, je ne l'affaiblis pas, je ne l'exagère pas non plus Est-il fondé? Est-il vrai que l'Association n'a pas fait de politique? Est-il vrai qu'elle s'est bornée à l'étude des questions économiques que comportait son programme?

Voyons, messieurs, et recherchons de bonne foi dans les faits eux-mêmes, sans interprétation et sans commentaires, la réponse à ces questions

C'est à Londres que s'est fondée, dans un meeting tenu le 28 septembre 1864, l'Association internationale des travailleurs Trois ouvriers français, Limousin, Tolain et Perrachon (ces deux derniers sont aujourd'hui parmi les prévenus), s'y étaient rendus Ce sont eux qui organisèrent, à leur retour en France, le bureau de Paris ou la section parisienne de l'Association

Je vous ai déjà montré, messieurs, comment ce groupe particulier se rattachait, par son but et son programme, à l'Association mère, comment il s'en séparait par sa constitution indépendante Bientôt d'autres groupes se formèrent à Lyon, à Rouen, à Marseille, à Amiens, dans presque toutes nos villes ouvrières, et c'est, vous en verrez la preuve dans la correspondance jointe au dossier, la propagande active du bureau de Paris qui créa ces nombreuses associations Je ne m'occupe aujourd'hui que de la section parisienne, mais je veux vous montrer comment on s'y prenait pour éluder les défenses de l'autorité, pour déjouer sa surveillance ou surprendre son consentement

Voici, par exemple, ce qu'écrivait aux commissaires de la section parisienne, un sieur Lécluze, qui organisait l'Association à Roubaix.

« Mes chers et estimables amis,

« Voici notre intention de former une Association ici, depuis dix huit mois une petite réunion d'amis a lieu sous le titre *Association bibliophile* Nous avons pour prétexte une bibliothèque, en cas de malheur »

Puis des lettres s'échangeaient, on demandait et l'on recevait des renseignements, des projets d'organisation, des programmes, quelquefois ils n'arrivaient pas aussi vite qu'on le voulait, et voici ce qu'écrivait ce même Lécluze

« Roubaix, 4 mai 1867

« Lécluze à Chemalé.

« Quant aux carnets, règlements, statuts, que vous m'avez adressés, je n'ai rien reçu Vandal aura sans doute agi en cette circonstance, car c'est de là le rapport du ministre; nous reprendrons notre revanche un jour Vandal .. sois-en sûr nous ne t'oublierons pas! »

La section parisienne prit bientôt une importance qui ne laissa plus au conseil général, établi à Londres, qu'une supériorité nominale, et aujourd'hui c'est de Paris que part la véritable initiative et que viennent les ressources aussi bien que les résolutions Vous en trouverez la preuve, messieurs, dans les demandes nombreuses que le Conseil général adresse au bureau de Paris, par l'intermédiaire d'un sieur Dupont, secrétaire général pour la France, à Londres

Cependant l'Association demanda au gouvernement français l'autorisation, dont elle reconnaissait la nécessité, et lui fit connaître ses Statuts et son Règlement Je vous ai lu, messieurs, les Statuts de l'Association générale, voici le Règlement spécial que la section parisienne soumit à l'administration

RÈGLEMENT DU BUREAU DE PARIS

Admissions.

« Article premier — Pour être admis, il faut justifier de sa qualité de travailleur

« Art 2 — Toute admission est définitive après trois mois, si l'adhérent n'a pas reçu avis contraire de la Commission

« Art 3 — En cas de non-admission, toutes les sommes versées par l'adhérent lui seront remboursées intégralement

« Art. 4 — En se faisant inscrire, chaque nouvel adhérent paye   de droit d'admission et reçoit un carnet de sociétaire

Cotisations

« Art 5 — La cotisation est fixée à

« Art 6 — Le sociétaire doit verser chaque semaine sa cotisation entre les mains d'un receveur

« En cas de non-versement pendant deux semaines, le receveur pourra lui réclamer les sommes dues

« Deux mois de retard peuvent entraîner la radiation

Renseignements.

« Art 7 — Les sociétaires doivent fournir tous les renseignements relatifs à la statistique du travail

« Art 8 — Il sera tenu au bureau de correspondance un livre faisant connaître les conditions auxquelles les sociétaires pourraient livrer leurs produits aux membres de l'Association internationale, parallelement aux prix de vente au public

« Art 9 — Tous les renseignements transmis au bureau pourront toujours être consultés sans rétribution par les sociétaires

Crédit.

« Art 10 — Lorsqu'un sociétaire, allant travailler hors de son centre habituel, voudra se faire créditer, il en fera la demande à la commission, qui determinera le montant du crédit en raison des ressources de la caisse et des garanties offertes par le sociétaire, le bureau visera son carnet pour la somme de crédit garantie par la commission

« Art 11 — Le crédit sera absolument refusé à tout sociétaire dont la cotisation ne serait pas à jour

« Art 12 — Le sociétaire pourra, pendant trois mois, jouir de son crédit dans tous les bureaux correspondants, jusqu'à concurrence de la somme garantie à son départ

« Les sommes reçues par lui seront inscrites sur son carnet, par les correspondants des bureaux payeurs

« Art 13 — Le remboursement devra commencer trois mois après l'ouverture du crédit, et être entièrement effectué dans les trois mois suivants, à moins d'empêchements majeurs, dont la commission créditrice appréciera la valeur

« 14 — En cas de non-remboursement sans motifs valables, le sociétaire sera exclu et signalé par la voie du bulletin, qui publiera les motifs de l'exclusion

Administration

Art 15 — La commission chargée de l'administration est composée de membres nommés au scrutin de liste, par le suffrage direct des sociétaires, la duree des fonctions s'étendra d'un congres à l'autre

« Art 16 — La commission choisit dans son sein, et

sous sa responsabilité, trois correspondants, un caissier et un secrétaire archiviste

« Les correspondants ne peuvent qu'exécuter les décisions de la commission

« Le caissier tient la comptabilité générale

« Le secretaire-archiviste est chargé du classement des pièces visées, indiquées par la Commission

« Art 17 — Chaque jour, un des membres devra se tenir au bureau pendant deux heures, de huit à dix heures du soir, les jours de semaine, et de une heure à trois heures, le dimanche pour recevoir et fournir les renseignements

Exclusions

« Art 18 — Toute déclaration fausse ou incomplète, relative aux noms, âge, domicile ou profession, entraîne de droit l'exclusion, seront également exclus les membres d'une société dont les principes sont en opposition avec ceux emis au pacte fondamental de l'Association internationale, et aussi ceux qui seront dans le cas prévu par l'article 14

« Tout sociétaire démissionnaire ou exclu aura droit au remboursement des sommes versées par lui dans le cours de l'année, déduction faite des frais généraux, dont il sera dressé état lors de l inventaire annuel »

Vous le voyez, messieurs, les articles de ce Reglement n'avaient rien de politique Si la Société s'y conformait, si son rôle se bornait à fonder des établissements de crédit pour les travailleurs, à fournir a ses membres du travail et des secours , si même, s'élevant au-dessus de ces préoccupations matérielles, elle ne cherchait que la solution des problèmes économiques, rapports entre ouvriers et patrons, répartition du salaire, organisation du travail, enseignement professionnel, toutes ces questions etaient de celles qu'il ne fallait pas étouffer Mais il y avait un danger Ce programme, fécond si l'administration en respectait les limites, contenait en germe des questions dont la discussion pouvait compromettre l'ordre public et créer une agitation funeste De là, pour le gouvernement, un double devoir . ne pas arrêter, par interdiction absolue, le bien qui pouvait résulter de l'Association, ne pas se priver, par une autorisation expresse, du droit de prévenir le mal qu'elle pouvait faire. Le gouvernement le comprit, et, sans rien défendre, mais sans rien autoriser, il toléra, réservant, après l'expérience, ses résolutions définitives.

La Société accepta cette situation, et sans attendre l'autorisation, qui ne lui fut pas donnée, elle s'organisa. Elle eut son siége rue des Gravilliers, 44. Elle nomma une commission composée de quinze membres élus. Elle fixa ses réunions : réunion générale tous les lundis, réunion de la commission tous les jeudis. Elle eut ses correspondants chargés des communications avec le Conseil général, en un mot, elle se constitua et elle fonctionna dans cet état, précaire il est vrai, mais librement accepté par elle, qui la laissait à la discrétion de l'autorité administrative.

Elle fonctionna, ai-je dit, et je n'ai pas à le prouver, car depuis trois ans elle s'est manifestée par la presse, par des congrès, par son intervention dans les grèves, par son immixtion publique ou cachée dans toutes les questions sociales, et j'aurai bientôt le droit d'ajouter dans toutes les questions politiques.

Ce sont, messieurs, ces manifestations qui ont éclairé le gouvernement, ce sont elles qui lui ont donné la preuve que le danger qu'il avait craint existait, ce sont elles qui lui ont montré que l'Association avait dévié du but qu'elle proclamait, et qui lui ont appris qu'il était de son devoir de la déférer à votre justice, pour que vous disiez, messieurs, si son existence est une violation de la loi.

Et maintenant qu'ai-je à faire ? A vous montrer, messieurs, que l'administration ne s'est pas trompée, que sa vigilance est legitime, que l'Association que je poursuis n'a pas tenu les promesses de son programme, et qu'elle est devenue une véritable société politique.

Pour faire cette preuve, je ne veux pas, messieurs, passer en revue tous les faits où je pourrais la trouver. Je ne veux prendre que les plus saillants, ceux dont la signification ne peut être équivoque et dont le caractère a été apprécié par ceux-là même qui prétendent aujourd'hui que l'Association s'est toujours maintenue dans le domaine des questions économiques.

Il sera bien entendu d'ailleurs, entre les prévenus et moi, que je ne juge pas les questions politiques qu'ils ont agitées. je les constate, et cela seul importe au point que je veux établir.

M. l'avocat impérial rappelle au tribunal les faits qui lui servent à prouver la pensée politique de l'Association. Il cite entre autres les questions traitées aux congrès de l'Association internationale tenus, l'un à Genève en 1866, l'autre à Lausanne en 1867.

Sans doute, dit-il, on a traité là des questions économiques, mais à côté d'elles on a fait une part et non la moindre, aux théories et aux discussions politiques. Il suffit, pour s'en assurer, de lire le programme des matières mises à l'ordre du jour, et l'on y voit figurer la question des impôts, des armées permanentes, de l'influence des idées religieuses sur le développement social, *politique* et intellectuel.

Le congrès se prononce contre le système des armées permanentes, qui ne sont que la négation de la liberté individuelle, qu'un danger pour la liberté des peuples, qu'un instrument entre les mains de la tyrannie.

En matière d'impôt, le congrès demande « une réforme radicale qui implique toute une transformation sociale. L'impôt indirect doit être aboli. Plus de bureaucratie, plus d'inquisition policière. »

Sur la question religieuse, les délégués français proposent ceci :

« Le congrès affirme la liberté physique et intellectuelle de l'homme, et constate que l'influence des idées religieuses tend à nier le libre arbitre et la dignité humaine. »

Est-ce que je me trompe, messieurs, quand je vois là

le symptôme et le signal d'une agitation politique que la tolérance du gouvernement ne pouvait plus tolérer? Mes appréciations peuvent être suspectes aux prevenus je les retire et je mets à leur place celles des journaux qui ont rendu compte de ces congres Vous allez voir, messieurs, quelle portée, quelle signification la presse tout entière reconnaissait, soit pour s'en effrayer, soit pour s'en réjouir, à ces manifestations de l'Association

M Bessy, dans le journal la *Presse,* disait

« Il est sorti du congres de Geneve une organisation, un système de représentation régulière, un projet de publication spéciale et un impôt consenti, c'est a-dire une société entière Il y a donc maintenant dans le monde une franc-maçonnerie nouvelle, dont les affiliés se compteront peut-être un jour par millions d'hommes, et qui reçoit le mot d'ordre d'un comité occulte, siégeant à Londres Voilà la révélation capitale du congres de Genève Il est bien que certains projets dangereux soient dévoilés »

Et si les prévenus récusent l'opinion de M Bessy, qui ne leur est pas sympathique, ils ne récuseront pas celle de M Brisson, celle de M Pessard, car ils ont pris soin de revendiquer eux-mêmes dans leurs écrits les témoignages de ces écrivains

Or, messieurs, écoutez M Brisson

« La critique des délégués français embrasse l'ensemble des opinions humaines sur la société et le gouvernement, elle les classe, avec la plus grande justesse, en deux grandes catégories celle des partisans du principe d'autorité, celle des amis intelligents de la liberté

« Nous ferons voir, dans un prochain article, toute la portée de cette distinction telle qu'elle est formulée dans le document dont nous parlons — Henri Brisson. »

Écoutez surtout M Pessard, le plus ardent apologiste de l'Association Voici comment l'un des écrivains, j'allais dire l'un des membres de l'Association, reproduit et résume son article .

« Commençons par les sympathies (Vous voyez bien, messieurs, que ce n'est pas un adversaire de l'Association que je vais citer)

« M H Pessard, dans un remarquable article de la *Liberté*, constate la valeur de ce congrès, qu'il considere comme marquant une date importante dans l'histoire de la démocratie, comme un événement bien autrement considérable que tous ceux qui préoccupent aujourd'hui le monde politique

« C'est, suivant lui et suivant nous, la confédération du travail qui élabore en ce moment sa constitution, c'est l'union, non-seulement internationale, mais encore intercontinentale, de tous ceux qui produisent et qui payent l'impôt, c'est enfin un avertissement donné solennellement au monde, par des hommes venus de tous pays, par des citoyens las des luttes stériles, conséquences fatales d'une organisation qui s'effondre

« L'Association internationale des travailleurs a deux ans à peine d'existence elle compte deja cent soixante mille membres ! Sans liberté de presse, sans liberté de réunion, sans ressources financieres, elle est déja une armée pacifique, dans dix ans, ce sera une nation, dans vingt ans, elle embrassera le monde Et les representants de l'opinion libérale ne l'ont pas crue digne d'être représentée par un candidat spécial

« M Pessard demande, avec raison, ou les partisans de la vieille politique trouveront de l'argent, le jour ou l'Association internationale des travailleurs aura partout décidé que les contribuables sont seuls compétents pour juger la valeur et le prix des services dont ils ont besoin, et ou ils trouveront des soldats, quand elle refusera de se battre pour des intérêts qu'elle ignore »

Eh bien ! messieurs, je suis tout a fait de l'avis de M Pessard, et c'est parce que je suis de son avis que je vous dis que le gouvernement ne s'est pas trompé quand il a découvert les périls que créait l'Association

Voilà pour les congres

Faut-il maintenant chercher dans les pieces saisies, dans la correspondance des prévenus, de nouvelles preuves de la pensée politique qui anime l'Association ? Elles abondent et je n'ai qu'à choisir

On a saisi chez Tolain un document qui a pour titre *Manifeste de l'Association internationale des travailleurs*

Écoutez, messieurs, et demandez-vous si c'est là une discussion de matières économiques, ou si ce n'est pas au contraire la provocation la plus ardente, l'appel le plus violent aux passions politiques

« La conquête du pouvoir politique est donc devenu le premier devoir de la classe ouvrière Elle semble l'avoir compris , en Angleterre, en Allemagne, en Italie, en France, on a vu renaître en même temps ces aspirations communes, et en même temps aussi des efforts ont été faits pour régulariser, politiquement, le parti des travailleurs Il est un élément que ce parti possède il a le nombre , mais le nombre ne pese dans la balance, que s'il est uni par l'émancipation et guidé par le savoir L'expérience du passé nous a appris comment l'oubli de ces liens fraternels, qui doivent exister entre les travailleurs des différents pays et les exciter à se soutenir les uns les autres dans toutes leurs luttes pour l'affranchissement, sera puni par la défaite commune de leurs entreprises divisees C'est poussés par cette pensee, que les travailleurs de différents pays, réunis en un meeting public, à Saint-Martin's Hall, le 28 septembre 1864 ont résolu de fonder l'Association internationale Une autre conviction encore a inspiré ce meeting si l'affranchissement des travailleurs demande, pour être assure, leur concours fraternel, comment peuvent-ils remplir cette grande mission, si une politique étrangère, mue par de criminels desseins et mettant en jeu les préjugés nationaux, répand dans les guerres de pirates le sang et l'argent du peuple ?

« Ce n'est pas la prudence des classes gouvernementales de l'Angleterre, mais bien l'opposition de la classe ouvriere à leur criminelle folie, qui a épargné a l'Europe occidentale l'infamie d'une croisade pour le maintien et le développement de l'esclavage de l'autre côté de l'Océan L'approbation sans pudeur, la sympathie dérisoire ou l'indifférence idiote avec lesquelles les classes supereures d'Europe ont vu la Russie saisir comme une proie les montagnes, forteresses du Caucase, et assassiner l'héroique Pologne, les empiétements immenses et sans obstacles de cette puissance barbare dont la tête est à

Saint-Pétersbourg et dont on retrouve la main dans tous les cabinets de l'Europe, ont appris aux travailleurs qu'il leur fallait se mettre au courant des mystères de la politique internationale, surveiller la conduite diplomatique de leur gouvernement respectif, le combattre au besoin par tous les moyens en leur pouvoir, et, enfin, lorsqu'ils seraient impuissants à rien empêcher, s'entendre pour une protestation commune et revendiquer les lois de la morale et de la justice, qui doivent gouverner les relations des individus comme la règle suprême des rapports entre les nations Combattre pour une politique étrangère de cette nature, c'est prendre part à la lutte générale pour l'affranchissement des travailleurs prolétaires de tous les pays »

Je sais bien, messieurs, que ce manifeste a été publié à Bruxelles, je sais bien que Chemalé et ses coprévenus affirment qu'il n'a pas été lu aux réunions, soit! je veux bien le croire, et je ne m'en empare pas contre eux pour prouver leur culpabilité, mais je dis, à la lecture de ce document, que le gouvernement ne s'est pas trompé quand il a pensé que l'Association internationale était ou devenait une société politique, et qu'il ne faudrait pas autre chose pour reconnaître sa clairvoyance et justifier sa résolution

Et la correspondance? Messieurs, je ne vous ferai que de courtes citations, mais je les choisirai de manière à ce qu'aucun doute ne vous reste Je les prends dans la correspondance de Chemalé avec ce Dupont dont je vous ai déjà parlé, le secrétaire général pour la France près le conseil de Londres

Le 17 avril 1867, il écrit à Chemalé

« Londres, 17 avril 1867

« Votre lettre a produit une bonne impression sur le conseil général Puisse-t-elle fouetter un peu le sang des Anglais! Mais malheureusement les plus actifs sont absorbés par la « Reform-League » Le mieux que nous puissions faire, c'est de les pousser en avant dans la voie de la révolution Déjà deux branches de « la Reform-League » discutent actuellement la question suivante

La république est-elle meilleure que la monarchie pour le peuple anglais ? »

Le 12 mai, Dupont écrit encore à Chemale

« Vous me demandez si les Anglais vont en finir cela dépendra des circonstances

« Si le gouvernement n'avait pas eu peur au dernier meeting et qu'il eut employé la force, aujourd'hui ce serait fait

« Plus de deux cent mille hommes des provinces n'attendaient qu'un signal pour descendre armés sur Londres au secours des réformés Enfin, espérons que c'est reculer pour mieux sauter . »

Le 1er novembre, trois jours avant cette manifestation du boulevard Bonne-Nouvelle, organisée pour protester contre l'intervention française en Italie, Dupont écrivait encore à Chemalé

« Que pensez-vous de l'intervention ? Bonne chose, si les Français ont encore des ça doit leur fouetter le sang Pour ma part depuis plusieurs jours, je suis dans un état de surexcitation extrême, je crois entendre à chaque instant la nouvelle d'une insurrection a Paris

« Passons a un comité pour les souscriptions révolutionnaires. Pour l'Italie, les journaux anglais nous donnent à chaque instant des nouvelles contradictoires Je fais des vœux pour que le droit flanque une *roulée* à qui vous savez »

Et le 5 novembre, tous les prévenus, moins un ou deux, tous les membres de la commission de l'Association parisienne étaient au boulevard Bonne-Nouvelle, au milieu des groupes, bientôt dispersés

Enfin, messieurs, au moment ou les prévenus venaient de protester devant M le juge d'instruction, que toute préoccupation politique était etrangère à l'Association, à l'heure ou la justice était saisie, presque à l'heure ou je vous parle, les membres français de l'Internationale, la « French Branch » affichait sur les murs de Londres cette proclamation, parmi les signataires de laquelle je vois figurer Dupont, ce correspondant de Chemalé dont vous venez d'entendre le langage Voici le placard

ASSOCIATION INTERNATIONALE DES TRAVAILLEURS

(Branche française de Londres)

Anniversaire de 1848

« Aux révolutionnaires !

« Le meeting commémoratif des glorieuses journées des 22, 23 et 24 février 1848 aura lieu le lundi 24 février 1868, à Cleveland hall, Cleveland street, Fitzroy square, à huit heures du soir

« Les citoyens de tous pays (*sic*), amis de la revolution, sont invités à y assister — Entrée libre »

Tout cela, messieurs, n'est-ce pas de la politique?

Ne la voyez-vous pas se mêlant à toutes les préoccupations de l'Association N'apercevez-vous pas le but politique qu'elle poursuit, et peut-on dire encore maintenant, comme le font certains journaux, que les questions politiques ont toujours été étrangeres à l'Association? Est-ce que cela était possible, d'ailleurs? Tenez! messieurs, permettez-moi, et je finirai par là, de rapprocher de ce reproche fait à la poursuite la réponse que l'Association elle-même y a faite à l'avance Lorsque la presse s'occupait des congrès de Genève et de Lausanne, il y avait quelques journaux, l'*Opinion nationale* et l'*Avenir national* entre autres, qui trouvaient que l'Association ne faisaient pas assez de politique Savez-vous ce que leur répondaient les journaux dévoués à l'Association? Le *Courrier français*, son organe spécial, disait à M Labbé « On sait si peu de chose à l'*Opinion nationale* ! » Et dans la *Liberté*, M Pessard repondait a M Taxile Delord

« Une question la *Liberté* demandait l'autre jour une politique A sa demande, on n'a pas répondu Aujourd'hui, nous avons fait encore un pas en arrière Il ne s'agit plus de suivre telle ou telle politique Il faut s'entendre sur la portée du mot lui-même et demander a

M Taxile Delord, l'honorable écrivain de l'*Avenir national*, l'explication du mot « politique » Voici, en effet, ce que nous lisons, signé de son nom

« Un congrès d'ouvriers peu nombreux, du reste, « vient d'avoir lieu a Genève Ouvert lundi dernier, ce « congres a été clos samedi On y a discuté beaucoup « de questions économiques et pas une seule question « politique »

« Pas une seule question politique ? Quoi ! les armées permanentes, l impôt, la guerre, la liberté religieuse, les rapports du capital et du travail, ce ne sont pas la des questions politiques ! Quoi ! la discussion, par des travailleurs, des intérêts de tous les travailleurs européens, ce n'est pas la une discussion politique !

« Qu'est-ce donc alors que la politique ? — H PESSARD »

A qui donc s'adresse cet appel? Aux ouvriers, aux hommes qui recherchent la solution pacifique des problèmes économiques ? Non Aux révolutionnaires ! Et ce seul mot trahit, messieurs, la pensee, l'espoir et le but de ceux qui l'ont écrit

M Pessard avait bien raison M Labbé n y voyait pas clair et M Delord, quoiqu'il eût, disait le *Courrier français*, « *retrouvé* son indépendance en entrant à l'*Avenir national* » (ou donc l'avait-il perdue ?) M Delord n'en savait pas plus long que M Labbé

Oui, M Pessard avait bien raison, et si ces d scussions sur l'armée, sur l'impôt, sur les relations des Etats entre eux ne sont pas de la politique, nous répéterons avec lui Qu est-ce donc alors que la politique ?

Or, messieurs, vous le savez, ce n'est pas à une Association devant s'occuper de questions politiques que le gouvernement avait accordé sa tolérance c'etait à une Association qui devait uniquement s'occuper de questions économiques Cela est bien certain, et s'il la retire aujourd'hui à l'Association internationale, ce n'est pas lui qui oublie ses engagements, qui est infidele a s s promesses et qui dément son progamme Voilà, messieurs, la vérité que je voulais vous démontrer

Je n'ajoute plus qu un mot, et ce mot sera une simple

observation Depuis que le procès est engagé, l'Association continue non-seulement d'exister, mais d'agir, et à l'heure même où les prévenus comparaissent devant vous, le journal qui est aujourd'hui l'organe spécial, sinon unique de la Société, annonçait que ses membres allaient procéder à l'élection d'une commission nouvelle, et depuis votre dernière audience le même journal a fait connaître le résultat de cette élection Ce fait, messieurs, prouve à lui seul que l'Association parisienne ne se serait pas arrêtée devant les avertissements de l'autorité, car nul avertissement plus solennel que la citation en justice ne pouvait lui être donné Qu'il me soit permis d'ajouter qu'il y aurait peut-être eu quelque convenance, et au moins un témoignage de respect pour la justice à attendre, pour affirmer ainsi son existence et son droit, qu'elle ait rendu sa décision

Cette décision, messieurs, nous vous la demandons sans faire appel à d'autres considérations qu'au respect de la loi Nous avons voulu éclairer vos consciences par une discussion calme et impartiale des faits et du droit Nous croyons avoir porté la lumière et la conviction dans vos esprits, et nous attendons avec confiance le jugement que nous sollicitons de votre justice

La parole est donnée aux prévenus pour présenter leur défense

LE PREVENU TOLAIN se lève et annonce qu'avant de presenter la défense générale, il a à prendre des conclusions

Sur l'invitation de M le président, il donne lecture des conclusions suivantes

« Plaise au tribunal,

« Attendu que l'illégalité résulte du défaut d'autorisation administrative

« Que nulle forme n'est établie pour cette autorisation (Dalloz, *Répertoire général,* V° *Association illicite,* 43 et suiv),

« Que cette autorisation peut même être tacite (Dalloz, arrêt de la cour de cassation, 12 septembre 1828),

« Qu'exiger une forme particulière d'autorisation serait aggraver une loi, reconnue par le législateur lui-même, comme étant d'exception et de rigueur,

« Que la bonne foi publique pourrait y être trompée,

« Attendu, au surplus que dans les explications mêmes dont la loi de 1834 a été l'objet, et dans les discours des orateurs du gouvernement lui-même, on voit que l'autorisation pourra être tacite

« Que cette autorisation tacite, ou tolérance, est le régime sous lequel vivent toutes les sociétés industrielles et commerciales comptant plus de vingt membres

« Qu'admettre que, sans révocation préalable et sans avertissement, elles pourraient être poursuivies, ce serait aller contre la conscience publique, qu'il est évident que l'administration les juge valablement autorisées à raison de leur publicité,

« Attendu que, quant à l'autorisation de la Société, elle résulte déjà 1° de la publicité constante de son existence et de ses actes, publicité plus grande, évidemment, que celle des sociétés commerciales, 2° de deux lettres écrites par l'Association internationale, l'une au ministre de l'intérieur, l'autre au préfet de police, et déclarant sa constitution et son existence dès 1864,

« Attendu que l'autorisation de l'administration résulte d'une manière, cette fois, expresse et formelle de la lettre écrite à son secrétaire, lettre émanée du cabinet du ministre de l'intérieur, dont l'intérim était rempli, à cette époque, par M le ministre d'Etat,

« Qu'aucune objection n'a été faite, dans cette entrevue sur la légalité de l'Association,

« Que le ministère public ne peut soutenir que, depuis cette époque, l'Association a changé ses doctrines et son but,

« Attendu qu'en effet, le secrétaire de l'Association avait été appelé précisément pour s'expliquer sur le mémoire des délégués français au congrès de 1866, et renfermant la doctrine et l'objet de l'Association, tels qu'ils sont actuellement relevés et incriminés,

« Que le ministère public a considéré lui-même l'Association comme étant dans une situation suffisante de légalité, puisqu'il a connu son existence et déclaré, notamment, à l'audience du 4 janvier 1867, que nulle intention de poursuite n'existait,

« Par ces motifs, rejeter l'action du ministère public contre l'Association ».

Après la lecture de ces conclusions, Tolain les développe en ces termes :

Messieurs, dit-il, ce que vous venez d'entendre de la part du ministère public est la preuve la plus grande du danger que courent les travailleurs quand, de la meilleure foi du monde, avec les intentions les plus pures, les plus inoffensives, ils cherchent à étudier les questions qui embrassent leurs plus chers intérêts, à s'éclairer mutuellement, enfin à dissiper les voies dans lesquelles ils marchent en aveugles depuis longtemps Quoi qu'ils fassent, de quelques précautions qu'ils s'entourent, quelles que soient leur prudence, leur bonne foi, ils sont toujours menacés, poursuivis et tombent sous l'application de la loi

Et comment voulez-vous qu'ils évitent les écueils semés sur leur route, alors qu'on voit le ministere public essayer de distinguer la limite qui sépare la politique de l'économie sociale et ne pas oser la poser? Comment voulez-vous que nous distinguions, alors que les plus habiles y perdent leurs efforts?

M l'avocat impérial a dit que l'économie sociale était pour nous la science des rapports entre les patrons et les ouvriers et ne devait être que cela

Eh bien, nous n'acceptons pas cette définition L'économie sociale est pour nous ce qu'elle est pour tout le monde, et cependant, quoique nous ayons à peine étendu un peu le cercle étroit de nos investigations, je ne crois pas que nous ayons quitté le champ de l'économie sociale pour faire invasion dans celui de la politique Nous n'avons fait de politique que celle qui ne peut pas se séparer des matieres que nous avions à traiter, mais de politique pure, nous n'en avons jamais fait, et chaque fois qu on a voulu l'introduire dans nos réunions, nous l'avons toujours repoussée

On nous a crus bien dangereux, bien coupables, puisque, dès l'abord on nous a poursuivis pour société secrète, et c'est seulement après deux mois d'instruction que nous sommes renvoyés ici seulement pour délit d'association non autorisée

C'est ici, messieurs, que je dois insister sur ce fait, le plus important pour notre défense, à savoir que notre Société a toujours fonctionné au grand jour, qu'elle a appelé à son aide la publicité, que tout ce qu elle a fait a été connu, jour par jour, par la police, par le gouvernement, par la magistrature. Dès le début de notre Association, on pouvait nous arrêter pour défaut d'autorisation on ne l'a pas fait, on a tout connu et on a tout toléré Pour nous, cette tolérance, nous l'avons considérée comme un assentiment tacite. Qui dit tolérance dit assentiment Notre Société d'ailleurs, n'est pas organisée comme les autres elle n'a pas de chefs, pas de directeurs, elle n'a que des élus temporaires, issus de l'élection, des fonctionnaires qui demain ne le seront plus

L'Association peut indiquer son point de départ Il date de 1862, moment de l'exposition universelle de Londres C'est là que les ouvriers anglais et français se sont vus, qu'ils ont causé ensemble et ont cherché à s'éclairer mutuellement

Depuis vingt ans, des transformations industrielles sans nombre ont créé de nouveaux besoins et ont complétement changé l'économie sociale, le gouvernement lui-même, qu'il l'eût voulu ou non, a suivi ce mouvement et a aidé puissamment à cette transformation.

Nous, ouvriers, nous avions un intérêt immense à savoir ce que nous deviendrions voila la cause première de l'Association internationale Les ouvriers voulaient voir par eux-mêmes en dehors des économistes officiels Les ouvriers anglais se sont réunis pour recevoir les ouvriers français, tous, eux et nous, nous étions guidés par la même pensée, la question économique

Le perfectionnement des machines, disaient les ouvriers anglais, change chaque jour le sort des travailleurs, instruisons-nous les uns les autres et trouvons le moyen d'assurer nos moyens d'existence Nous avions les mêmes intérêts à défendre, nous avions eu les mêmes aspirations Depuis cette époque de 1862, le mot d'ordre général était celui-ci Que les travailleurs ne doivent chercher leur affranchissement que par eux-mêmes C'est dans un meeting public, tenu à Londres en 1863, qu'a éte formé le premier conseil général A leur retour, les Français ont cherché à former un groupe à Paris, ils ont écrit à M le préfet de police ce qu'ils voulaient faire, et on les a laissés faire

Après avoir retracé l'historique des actes accomplis par le bureau de Paris, Tolain reconnaît, avec M. l'avocat impérial, qu'il s'est mêlé à toutes les questions qui regardaient les travailleurs, grèves de Paris, de Roubaix, d'Amiens, congrès de Genève, de Lausanne, de Bruxelles, mais il ajoute qu'à l'occasion de tous ces évenements ils sont toujours restés dans la ligne de conduite qu'ils s'etaient tracée, c'est-à-dire qu'ils se sont toujours opposés à l'envahissement de la politique active dans les questions économiques qu'ils avaient à discuter.

A Roubaix et ailleurs, dit-il, nous n'avons fait qu'une action juste en voulant concilier l'intérêt des travailleurs avec celui des patrons Toutes les sociétés de résistance ou de coopération sont des garanties d'ordre des plus sérieuses

A Roubaix, par exemple, le fabricant était à la fois législateur, magistrat et gendarme Législateur, il prenait des arrêtés, magistrat, il prononçait les condamnations pour infraction à ces arrêtés, et gendarme, il les faisait exécuter en mettant les délinquants à la porte de ses ateliers Nous avons combattu cet état de choses monstrueux, est-ce là faire de la politique? Voila la moralité de notre institution

J'ai à ajouter qu'il est bon d'examiner la situation qui nous est faite Quel que soit votre jugement, demain nous ferons la même chose que nous avons faite hier ce n'est chez nous ni haine, ni esprit de rébellion, c'est le sentiment de notre droit. Nous avons désormais la prétention de faire toutes nos affaires nous-mêmes, nous n'avons qu'un seul moyen de sortir de cette situation, c'est de violer la loi pour avertir qu'elle est mauvaise, mais jusqu'ici, nous n'avons pas voulu la violer, car, je le répète, la police, le gouvernement, la magistrature, le public tout entier a tout su, tout vu, tout toléré, et si nous ne nous sommes pas crus autorisés légalement, nous avons dû nous croire très officieusement et publiquement autorisés.

HÉLIGON. — M. l'avocat impérial a dit que nous avions demandé l'autorisation, mais que le gouvernement ne nous avait pas répondu, donc que nous n'étions pas autorisés.

M. l'avocat impérial s'est servi d'une expression malheureuse en nous désignant au tribunal : il nous a appelés *chefs*. Si vous aviez lu nos statuts, monsieur l'avocat, vous auriez vu qu'il n'y a pas de place pour des *chefs*.

Dans l'Association internationale, tous les adhérents sont égaux, depuis le président du conseil central de Londres jusqu'aux derniers inscrits. Ce n'est pas en vain que nous avons adopté cette devise : « *Pas de devoirs sans droits, pas de droits sans devoirs*. » Donc, si nous avions des *chefs*, ils auraient des droits supérieurs à ceux des autres sociétaires, et c'est là ce que nous n'avons pas voulu, ce que nous ne voulons pas et ce que nous ne voudrons jamais.

M. l'avocat impérial a signalé au tribunal la question des armées permanentes, pour prouver que nous nous étions occupés de politique.

Vous me permettrez de vous dire, monsieur l'avocat impérial, que la question des armées permanentes est une question ouvrière au premier chef, et j'en suis un exemple frappant. A l'âge où à peine je connaissais mon métier, la loi m'a frappé, on m'a mis un fusil entre les mains, et j'ai traîné mes guêtres des déserts d'Afrique aux champs de la Crimée; et depuis cinq ans que j'en suis revenu, je me demande ce que je suis allé faire et a quoi cela a été utile

Eh bien ! je vous le déclare aujourd'hui, j'ai deux fils, et je ne veux pas qu'un jour à venir un gouvernement quelconque vienne me les enlever et les envoyer se faire tuer sans qu'ils sachent pourquoi

DAUTHIER. — Je demande à ajouter quelque chose pour compléter ma défense, je ne rentrerai pas dans les questions d'économie sociale que mes amis et coaccusés ont développées, je m'y rallie completement

Vous savez que l'*Association internationale des travailleurs* prit naissance au meeting de Saint-Martin's Hall, tenu le 28 septembre 1864, à Londres

Je vais reproduire le plus brievement possible plusieurs articles de différents journaux qui, par leur rapprochement avec mes principes et mon opinion, m'ont excité à faire partie de cette Association, mais auparavant je dois vous répéter que deux lettres ont été envoyées, l'une à M le ministre, l'autre a M le préfet de police, les *prévenant* que l'*Association internationale des travailleurs* allait se mettre à l'œuvre pour suivre son programme et étudier les questions d'économie sociale N'ayant pas reçu d'avis d'interdiction, l'Association a dû penser avec raison être *de droit* tolérée

Le 4 octobre, c'est-a-dire six jours après le meeting, le *Siècle* publie l'article suivant

« Un meeting tres-intéressant d'ouvriers vient d'avoir lieu a Londres, a Saint-Martin's Hall, sous la présidence du professeur Beesly, les ouvriers français y étaient représentés par MM Tolain, Limousin et Perrachon Le but de ce meeting était l'organisation d'une *Association internationale,* dans le but d'améliorer la condition des travailleurs de tous les pays

« Un comité a été nommé, qui se chargera de rédiger le Règlement de la Société et de le répandre dans toute l'Europe »

C'est une des premières publications Quatre mois

plus tard, M Corbon adresse une lettre, que le *Siècle* publia le 4 février 1865, sous le titre de *Un congrès international d'ouvriers* Vu la longueur de cette lettre, permettez-moi seulement de citer quelques passages Le premier, plein de sentiments d'humanité et de fraternité internationale, c'est l'extrait du discours d'un ouvrier anglais :

« Si une politique malheureuse, voulant réveiller en nous des animosités qui s'eteignent, concluait a nous mettre un fusil en mains et à nous faire marcher contre vous, Français, je déclare que nos dispositions, des maintenant, sont telles, que nous repousserions le fusil pour prendre un dictionnaire, nous familiariser avec votre langue, et aller fraterniser avec vous »

Le second est ainsi conçu

« Aussi des souscriptions se font-elles pour cet objet dans les ateliers Mais, en dehors des ateliers, les amis du progrès démocratique doivent souscrire aussi, et certes leur offrande ne fera pas défaut a pareille œuvre

« Tout ouvrier qui veut être sociétaire, doit verser chaque année la toute petite somme de 1 fr 25 cent On souscrit à Paris, chez M Fribourg, graveur, rue des Gravilliers, 44, tous les soirs, de 7 a 9 heures, et le dimanche de midi à 2 heures »

Voilà deux publications d'une assez grande importance, pour que l'administration interdit a l Association de commencer, surtout pour sa fondation Le 17 juin 1866 le *Courrier français,* en publiant un article de l'Association, ajoutait

« Nous annonçons en même temps que chaque semaine nous publierons les nouvelles de l'Association qui nous seront fournies »

Les 8 et 16 septembre, publications de plusieurs lettres de notre ami Chemale étant au congrès de Genève Le 23 du même mois, le *Courrier français* publie les réflexions de huit journaux de toutes nuances au sujet de ce congrès, un journal entre autre, les *Annales du tra-*

vail, a donné un résume des séances de chaque jour Le 7 octobre, le préambule du mémoire des délégués français audit congrès est publié Le 16 décembre, il est dit dans le *Courrier*

« L'Association internationale compte, en France, des correspondants dans presque toutes les grandes villes industrielles, chaque bureau conserve pleinement son autonomie, et ne correspond qu avec le Conseil général de Londres, nommé en séance publique du Congrès de Genève, le 8 septembre 1866 »

Le 17 février 1867, les Statuts de l'Association et le programme pour le prochain congrès sont publiés, enfin, les 7 et 14 avril et 24 mai, des publications, le 28 juin, un article annonce la nomination de sept membres pour visiter l'Exposition

C'est après tant de publicité que je me présente à l'Association internationale, et j'y suis accepté Eh bien ! .. il n'était pas possible apres toutes ces publications, après avoir affirme au grand jour et par tous les moyens possibles un principe aussi franc, aussi utile, même indispensable, que d'étudier l'économie sociale comme étant un bien-être pour les travailleurs, puisqu'il n'appartient qu'a eux seuls de s'affranchir de la glebe, parce que seuls ils connaissent leurs besoins et savent remedier au mal qui les ronge, quand ils ne troublent ni le repos ni l'ordre public, les empêcher actuellement de se réunir, c'est leur lier les jambes et vouloir qu'ils marchent, le temps n'est plus de maltraiter les travailleurs ni de les craindre, et si 89 a déclaré les droits de l'homme, 48 a été le complément en déclarant les droits du travailleur, en instituant le suffrage universel (le 5 mars 1848)

Je savais que l'Association n'était pas autorisée, et c'est malgré ou a cause de cela que j'y suis entré, et je le dis franchement, je ne ferais jamais partie de n'importe quelle société qui serait autorisée, parce que, selon moi, l'autorisation impose des conditions que je n'accepterais jamais

Lorsque les prolétaires s'unissent afin de se préparer

un meilleur avenir, par l'instruction d'abord, par leur émancipation ensuite, afin de réclamer leur part dans la production, c'est un droit de le faire, et c'est un devoir de le propager, du moment qu'ils ne s'écartent ni de l'ordre ni du respect dû à la société tout entière Je ne reconnais personne à qui demander d'autorisation, de même que je ne reconnais à personne le droit d'en donner, quand il s'agit du bien pour tous

A l'appui de ce que je viens de dire, je vais citer un article où il ne pourra être mis en doute la *bonne volonté* de son *auteur* A une époque antérieure, il disait

« Ne devons-nous pas rougir, nous, peuple libre, ou qui du moins nous croyons tel, puisque nous avons fait plusieurs révolutions pour le devenir, ne devons nous pas rougir, disons nous, que, même l'Irlande, la malheureuse Irlande, jouisse, sous certains rapports, d'une plus grande liberté que la France de juillet? Ici, par exemple, vingt personnes ne peuvent se réunir sans l'autorisation de la police, tandis que dans la patrie d'O'Connel, des milliers d'hommes rassemblés discutent leurs intérêts, menacent les fondements de l'empire britannique, sans *qu'aucun ministre ose violer la loi qui protége, en Angleterre, le droit d'association* »

(ŒUVRES DE LOUIS NAPOLÉON, *Progrès du Pas-de-Calais*, IIe vol, p 57, 4 octobre 1843)

Je conclus en me demandant Où a-t-on vu, où a-t-on trouvé du danger dans l'existence de l'Association internationale, si l'administration en voyait, pourquoi avoir commis l'imprudence de la laisser s'agrandir, se propager de plus en plus, c'est par trop d'imprévoyance, et pourtant chez nous, il n'y a pas de surprise, tout se fait au grand jour, comme nous cherchons la lumière, nous ne l'enfermons pas sous le boisseau

Tous les prévenus, interpellés respectivement, ont déclaré se rallier à la défense de leur coinculpé Tolain

Le tribunal, après une longue délibération en la chambre du conseil, a statué en ces termes .

« Le tribunal,

« Attendu que de l'instruction et des débats, il résulte que depuis moins de trois ans, à Paris, les prévenus ont fait partie de la Société intitulée Association internationale des travailleurs,

« Que cette Association était composée de plus de vingt personnes,

« Qu'elle n était point autorisée,

« Attendu que les associés, liés entre eux par le but même de l'Association, ont concouru à sa réalisation,

« Que ce but était l'amélioration de la condition des ouvriers par la corporation, la production et le crédit,

« Qu'ils se sont réunis a des époques fixes et qu'ils se sont constitués à l'état permanent,

« Attendu que les articles 291, 292 du code pénal, et la loi du 10 avril 1834, sont des lois de police et de sûreté générale qui s'appliquent a toute personne qui les viole sur le territoire français,

« Qu'il importe peu de savoir si l'Association a son siége a Londres, qu il suffit de constater que le bureau de Paris s'est mis en contravention aux lois précitées ce qui, en effet, a eu lieu,

« Attendu que la publicité, par la presse, de l'existence de ladite Association, ou la tolérance de la part de l'administration, ne dispensent point de l'autorisation du gouvernement, qui doit être expresse,

« Attendu qu'en agissant ainsi, les prévenus se sont rendus coupables du délit prévu et puni par les articles 291, 292 du code penal, et 2 de la loi du 10 avril 1834,

« En faisant l'application, déclare dissoute l'Association internale des travailleurs établie à Paris, sous le nom de bureau de Paris

« Condamne tous les prévenus chacun en 100 francs d'amende, fixe à trente jours la durée de la contrainte par corps »

COUR IMPÉRIALE DE PARIS

PRÉSIDENCE DE M. SAILLARD

AUDIENCE DU 22 AVRIL 1868

Le rapport fait par M. le conseiller Dufour, la parole est donnée au prévenu Chemalé.

Il insiste sur le droit qu'a tout prévenu de prendre communication des pièces qui le concernent, il prétend que, du moment où il justifiait de son identité, on ne pouvait rien lui demander autre chose, ni lui refuser le dossier qu il désirait consulter. Sur l'observation de M le président qu'il aurait pu très-facilement obtenir cette communication en lui écrivant une lettre de demande, Chemalé répond qu'il ne réclame pas une faculté qui pouvait n'être accordée qu'à lui et à cause de lui, mais un droit, droit imprescriptible, qui appartient à tous, et qu'il revendique au nom de tous Il n'avait donc pas de lettres à écrire, et aujourd'hui qu'il n'a pu, par la voie du greffe, obtenir la communication des pièces, il refuse de se défendre sur le fond du procès

La cour statuera sur cette prétention de Chemalé et sur l'appel interjeté par ses coprevenus du jugement du 6 mars

Tous les prévenus, interpelles, déclarent, à l'exception de Chemale, accepter le débat au fond.

Le prévenu Héligon prend la parole.

HÉLIGON — On nous accuse d'avoir fait partie d'une Société non autorisée En nous constituant nous avons prévenu les autorités competentes, le ministre de l'intérieur et le préfet de police Il était permis de compter sur leur bonne foi, puisque, après avoir été avertis par nous, ils nous ont laissés marcher près de quatre ans sans obstacle, alors que nons insérions tous nos actes dans les journaux C'est même cette publicité étendue qui nous a valu beaucoup d'adhérents, et la cour de cassation elle-même a reconnu qu'une autorisation de cette nature pouvait être tacite

On nous reproche d'avoir fait de la politique dans nos réunions en traitant de l'armée, des impôts, etc Nous nous sommes occupés de ces questions au point de vue social, car ce sont des questions sociales et qui nous touchent au plus haut point C'est sur les travailleurs exclusivement que pèsent les charges, et l'on pourrait citer des familles qui, depuis des centaines d'années n'ont contribué en rien aux charges de l'Etat Les travailleurs, autrefois, ont éte ilotes, esclaves, serfs, mais l'ancienne noblesse du moins se battait pour défendre ses serfs et payait l'impôt du sang

De nos jours, la bourgeoisie, plus habile, envoie ceux qui n'ont rien sur les champs de bataille pour défendre ses propriétés, et la guerre ne retombe que sur nous C'est là l'état de choses que nous voulons changer Nous voulons le changer par des voies pacifiques, car l'expérience nous a appris que la violence ne menait à rien Quand Spartacus a soulevé les esclaves, tout ce qui, à Rome, possédait quelque chose, s'est réuni, et les esclaves ont été anéantis Il en a été de même pour la jacquerie du moyen âge Apres 1789, quand les ouvriers ont cru pouvoir réclamer le bénéfice des grands principes qui sont encore inscrits en tête de notre constitution actuelle, quand, a Lyon, ils se sont soulevés, demandant à vivre en travaillant, ils ont été écrasés à coups de fusil La même chose s'est produite après la révolution de février et vient de se renouveler en Belgique.

Messieurs, nous ne sommes pas des gens habitués à étudier et à torturer les textes, nous sommes des ouvriers laborieux, et, malgré tous nos efforts, nous voyons notre situation empirer tous les jours Nous cherchons pacifiquement les moyens de l'améliorer C'est vous qui nous direz si nous devons nous arrêter dans cette voie que, je le répète, nous avons suivie pendant quatre ans avec la tolérance des autorités qui nous connaissaient M le ministre d'Etat lui-même nous avait assurés de la sollicitude du gouvernement pour l'amélioration du sort des travailleurs

M. MURAT présente la défense générale de tous les prévenus

Nous sommes appelants d'un jugement rendu le 20 mars par la sixième chambre du tribunal correctionnel, qui nous condamne a 100 francs d'amende chacun pour association illicite

Nous avons quelque raison de penser que nos explications ont été insuffisantes ou mal comprises, et cela suffirait pour justifier cet appel, mais nous sommes de plus convaincus que les termes mêmes du jugement ont dépassé l'esprit et la teneur de la loi qui nous est appliquée, et qu'il y a par conséquent lieu a l'annuler et faire droit aux conclusions prises par nous devant le tribunal et que nous maintenons devant la cour

« Plaise à la cour,

« Attendu que la société est poursuivie comme association illégale,

« Attendu que l'illégalite résulte du défaut d'autorisation administrative,

« Que nulle forme n'est établie pour cette autorisation (Dalloz, *Repertoire général*, V° *Association illicite*, 43 et suiv),

« Que cette autorisation peut même être tacite (Dalloz, arrêt de la cour de cassation, 12 septembre 1828),

« Qu'exiger une forme particuliere d'autorisation serait aggraver une loi reconnue par le législateur lui-même comme étant d'exception et de rigueur,

« Que la bonne foi publique pourrait y être trompé,

« Attendu, au surplus, que, dans les explications

mêmes dont la loi de 1834 a été l'objet, et dans les discours des orateurs du gouvernement lui-même, on voit que l'autorisation pourra être tacite,

« Que cette autorisation tacite, ou tolérance, est le régime sous lequel vivent toutes les sociétés industrielles et commerciales comptant plus de vingt membres,

« Qu'admettre que, sans révocation préalable et sans avertissement, elles pourraient être poursuivies, ce serait aller contre la conscience publique, qu'il est évident que l'administration les juge valablement autorisées à raison de leur publicité,

« Attendu que, quant à l'autorisation de la Société, elle résulte déjà 1° de la publicité constante de son existence et de ses actes, publicité plus grande, évidemment, que celle des sociétés commerciales, 2° de deux lettres écrites par l'Association internationale, l'une au ministre de l'intérieur, l'autre au préfet de police, et déclarant sa constitution et son existence dès 1864,

« Attendu que l'autorisation de l'administration résulte d'une manière, cette fois, expresse et formelle, de la lettre écrite au secrétaire de l'Association, lettre émanée du cabinet du ministre de l'intérieur, dont l'intérim était rempli, à cette époque, par M le ministre d'Etat,

« Qu'une entrevue a eu lieu à la suite de cette lettre,

« Qu'aucune objection n'a été faite, dans cette entrevue, sur la légalité de l'Association,

« Que le ministere public ne peut soutenir que, depuis cette époque, l'Association a changé ses doctrines et son but,

« Attendu qu'en effet le secretaire de l Association avait été appelé précisément pour s expliquer sur le mémoire des délégués français au congrès de 1866, renfermant la doctrine et l objet de l'Association, tels qu'ils sont actuellement relevés et incriminés,

« Que le ministère public a considéré lui-même l'Association comme etant une situation suffisante de légalité, puisqu'il a connu son existence, notamment à l audience du 4 janvier 1867, que nulle intention de poursuite n'existait,

« Par ces motifs, rejeter l'action du ministère public contre l'Association »

Pour cela nous avons à vous démontrer que la situation de l'Association internationale est aujourd'hui légale de fait, par sa publicité, sa notoriété, ses rapports avec les autorités administratives, de police et judiciaires, qui toutes l'ont reconnue publiquement

Mais avant, nous faisons une réserve expresse au point de vue du droit qui appartient à tout le monde de se réunir, de se concerter, de *s'associer librement*, droit dont l'application devient de plus en plus impérieuse, à mesure que les moyens de circulation et de production sont plus étendus

Pour se rendre un compte exact de la situation actuelle de l'Association internationale, et que nous déclarons aujourd'hui *légale*, il faut remonter aux causes qui l'ont fait fonder et à la manière dont cette fondation eut lieu

Nous ne remonterons pas plus loin que l'exposition de Londres 1862, où des délégués français des diverses industries, élus directement par leurs confreres, furent reçus dans une fête offerte par les travailleurs anglais le 5 août 1862

Voici des extraits de l'adresse des ouvriers anglais lue dans cette réunion

« Dans des siècles d'ignorance et d'obscurantisme nous n'avons su que nous hair c'est le règne de la force brutale Aujourd'hui, sous l'égide de la science civilisatrice, nous nous rencontrons comme enfants du travail,

« Aussi longtemps qu'il y aura des patrons et des ouvriers, qu'il y aura concurrence entre les patrons et des disputes sur les salaires, l'union des travailleurs entre eux sera leur seul moyen de salut

« La concorde entre nous et nos patrons est le seul moyen de diminuer les difficultés par lesquelles nous sommes entourés

« Le perfectionnement des machines que nous voyons se multiplier de toutes parts, et la production gigantesque qui est la conséquence de l'application de la vapeur et de l'électricité, viennent tous les jours changer les conditions de la société — Un problème immense est à résoudre, celui de la rémunération du travail A mesure que la puissance des machines s'accroît il devra y avoir moins de nécessité pour le travail humain Que fera-t-on de ceux qui sont sans travail ? devront-ils rester improductifs et comme éléments de concurrence ? Les laissera-t-on mourir de faim, ou les nourrira-t-on aux dépens de ceux qui travaillent ?

« Nous ne pretendons pas résoudre ces questions, mais nous disons qu'elles doivent être résolues, et que pour cette tâche ce n'est pas trop de demander le concours de tous des philosophes, des hommes d Etat, des historiens, des patrons et des ouvriers de tous les pays. Il est du devoir de tout homme de prendre sa part de ce travail

« Bien des systemes ont été proposés pour la solution de ce probleme la plupart ont été de magnifiques rêves, mais la preuve que la verité n'a pas été trouvée, c'est que nous la cherchons encore

« Nous pensons qu'en échangeant nos pensées et nos observations avec les ouvriers des différentes nationalités nous arriverons a decouvrir plus vite les secrets économiques des sociétés Espérons que maintenant que nous nous sommes serres la main, que nous voyons que comme hommes, comme citoyens et comme ouvriers, nous avons les mêmes aspirations et les mêmes intérêts, nous ne permettrons pas que notre alliance fraternelle soit brisee par ceux qui pourraient croire de leur interêt de nous voir désunis, esperons que nous trouverons quelque moyen international de communication, et que chaque jour se formera un nouvel anneau de la chaîne d'amour qui unira les travailleurs de tous les pays »

M Melville Glover, interprète des délégués français, manifesta le désir que des comités ouvriers fussent établis pour l'échange de correspondances sur les questions d'industrie internationale Cette proposition, faite au nom des ouvriers français, fut reçue par des applaudissements chaleureux

Plusieurs Français résidant à Londres faisaient partie de cette fête fraternelle, quelques délégués trouvèrent à se placer avantageusement pendant leur séjour, il s'ensuivit un échange de lettres qui augmentaient de jour en jour le besoin de constituer un centre commun de correspondances, et enfin, le 28 septembre 1864, un grand meeting international était convoqué par les travailleurs anglais, trois ouvriers français y assistèrent, délégués par un petit groupe auquel quelques-uns d'entre nous appartenaient, là, fut arrête le reglement provisoire de l'Association internationale, un comite nommé, des correspondants pour les divers pays représentés au meeting élus C'est alors qu'un bureau de correspondance fut ouvert à Paris, et que les travailleurs furent invités à adhérer aux Statuts provisoires de l'Association internationale, mais en ouvrant ce bureau, les correspondants parisiens membres du conseil général siégeant à Londres ne se cruient point obligés de demander une autorisation, ils ne créaient point une association à l'intérieur, ils demandaient des adhésions à une Association internationale, ayant son siége à l'étranger, ils furent donc simplement — et pour bien attester qu'ils entendaient néanmoins conserver toute la responsabilité des actes de cette association à Paris — une déclaration au préfet de police et une au ministre de l'intérieur, de l'ouverture du bureau, ils y joignirent un exemplaire des Statuts provisoires arrêtés au meeting de Londres, et dont voici la teneur

« Considerant

« Que l'émancipation des travailleurs doit être l'œuvre des travailleurs eux mêmes, que les efforts des travailleurs pour conquérir leur emancipation ne doivent pas tendre à constituer de nouveaux priviléges, mais à établir pour tous les mêmes droits et les mêmes devoirs,

« Que l'assujettissement du travailleur au capital est la source de toute servitude politique, morale, matérielle,

« Que, pour cette raison, l'emancipation économique des travailleurs est le grand but auquel doit être subordonné tout mouvement politique,

« Que tous les efforts faits ont échoué, faute de solidarite entre les ouvriers de diverses professions dans chaque pays, et d'une union fraternelle entre les travailleurs des diverses contrees,

« Que l émancipation des travailleurs n'est pas un problème simplement local ou national, qu'au contraire ce problème intéresse toutes les nations civilisées, sa solution étant nécessairement subordonnée à leurs concours théorique et pratique,

« Que le mouvement qui s'accomplit parmi les ouvriers des pays les plus industrieux de l'Europe, en faisant naître de nouvelles espérances, donne un solennel avertissement de ne pas retomber dans les vieilles erreurs, et conseille de combiner tous ces efforts encore isolés,

« Par ces raisons

« Les soussignés, membres du conseil élu par l'assemblée tenue le 26 septembre 1864, à Saint-Martin's Hall, à Londres, ont pris les mesures nécessaires pour fonder l'Association internationale des travailleurs

« Ils déclarent que cette Association internationale, ainsi que toutes les sociétés ou individus y adhérant, reconnaîtront comme devant être la base de leur conduite envers tous les hommes la *Vérité*, la *Justice*, la *Morale*, sans distinction de couleur, de croyance ou de nationalité

« Ils considèrent comme un devoir de réclamer non-seulement pour eux les droits d'homme et de citoyen, mais encore pour quiconque accomplit ses devoirs Pas de droits sans devoirs, pas de devoirs sans droits

« C'est dans cet esprit qu'ils ont rédigé le reglement provisoire de l'Association internationale

« Article premier — Une Association est établie pour procurer un point central de communication et de coopération entre les ouvriers des différents pays aspirant au même but, savoir le concours mutuel, le progrès et le complet affranchissement de la classe ouvrière

« Art 2 — Le nom de cette Association sera Association internationale des travailleurs

« Art 3 — En 1865, aura lieu, en Belgique, la réunion d'un congres général Ce congrès devra faire connaître à l'Europe les communes aspirations des ouvriers — Arrêter le règlement définitif de l'Association internationale, — Examiner les meilleurs moyens pour assurer le succes de son travail, et élire le Conseil général de l'Association Le congres se réunira une fois l'an

« Art 4 — Le conseil général siégera à Londres et se composera d'ouvriers representant les différentes nations faisant partie de l'Association internationale Il prendra dans son sein, selon les besoins de l'Association, les membres du bureau, tels que président, secrétaire général, trésoriers et secrétaires particuliers pour les différents pays

« Art 5 — A chaque congrès annuel, le conseil général fera un rapport public des travaux de l'année En cas d'urgence, il pourra convoquer le congrès avant le terme fixé

« Art. 6 — Le conseil général établira des relations avec les différentes associations d'ouvriers, de telle sorte que les ouvriers de chaque pays soient constamment au courant des mouvements de leur classe dans les autres pays, — qu'une enquete sur l'état social soit fait simultanément et dans un même esprit, — que les questions proposées par une société, et dont la discussion est d'un intérêt général, soient examinées par toutes, et que lorsqu'une idée pratique ou une difficulté internationale réclamerait l action de l'Association, celle ci puisse agir d'une manière uniforme — Lorsque cela lui semblera nécessaire, le conseil général prendra l'initiative des propositions a soumettre aux sociétés locales ou nationales

« Art 7 — Puisque le succes du mouvement ouvrier ne peut être assuré dans chaque pays que par la force, résultant de l'union et de l'association, que, d'autre part, l'utilité du Conseil général dépend de ses rapports avec les sociétés ouvrières, soit nationales, soit locales, les membres de l'Association internationale devront faire tous leurs efforts, chacun dans son pays, pour réunir en une association nationale les diverses sociétés d'ouvriers existantes, ainsi que pour créer un organe spécial Il est bien entendu, toutefois, que l'application de cet article est subordonnée aux lois particulières qui régissent chaque nation Mais, sauf les obstacles légaux, aucune Société locale n est dispensée de correspondre directement avec le Conseil général à Londres

« Art 8 — Jusqu'à la premiere réunion du congrès ouvrier, le Conseil élu en septembre agira comme Conseil général provisoire Il essayera de mettre en communication les Sociétés ouvrières de tout pays Il groupera les membres du Royaume-Uni, il prendra les mesures provisoires pour la convocation du congres général, il discutera avec les sociétés locales ou nationales les questions qui devront être posées devant le congres

« Art 9 — Chaque membre de l'Association internationale, en changeant de pays, recevra l'appui fraternel des membres de l'Association

« Art 10 — Quoique unies par un lien fraternel de solidarité et de coopération, les sociétés ouvrières n'en continueront pas moins d'exister sur les bases qui leur sont particulières »

Si, après les déclarations faites aux autorités administratives et de la police, les correspondants avaient reçu avis, comme cela a eu lieu dans d'autres cas, que ce n'était pas suffisant, qu'il fallait, comme dit le jugement, une autorisation *expresse*, ils auraient avisé à une autre manière d'agir, mais, nous le disons hautement, ils n'auraient jamais pu leur venir à l'idée de se soumettre à l'humiliation de l'autorisation

Le premier considérant du Règlement que nous venons de vous lire ne le leur aurait pas permis En effet, il dit que l'affranchissement des travailleurs doit être l'œuvre des travailleurs eux-mêmes, et qui dit autorisation dit soumission, subordination, patronage, en un mot *servage*, et c'est justement de cela, et sous toutes ses formes, que l'Association internationale tend à débarrasser le travailleur

S'ils n'avaient point trouvé de formes qui pussent les dispenser de cette autorisation, les travailleurs de Paris n'auraient point pu prendre part aux travaux de l'Association internationale, qu'ils venaient d'aider à fonder De même, si votre arrêt maintenait le jugement, à présent que l'Association a pris un développement assez grand, qu'il y a des bureaux dans toutes les grandes villes d'Europe, — si nous en exceptons la Turquie et la Russie, qui ne sont guere européennes que par situation géographique, — les travailleurs de France, de Paris, seraient les seuls qui ne pourraient apporter leur concours à cette œuvre de régénération sociale, car même en Espagne, les bureaux de l'Association marchent librement

Mais nous disons, nous, qu'après cette declaration,

même en admettant avec M le procureur impérial qu'elle ne dispensait pas de l'autorisation pour fonder le bureau de Paris, l'Association internationale ne peut plus être poursuivie comme illicite sans violer le principe fondamental de toutes lois françaises *l égalité devant la loi* Car il est constant qu'il n'existe pas une société sur cent, comprenant plus de vingt membres, qui soit autorisée, la publicité, la notoriété, la moralité, la nécessité leur en tiennent lieu En effet, il n'existe point de différence entre l'autorisation que, du reste, la loi du 10 avril 1834 elle-même, dit que l'on pourra toujours retirer, et le regime de tolérance sous lequel elles se trouvent, qui peut les interdire à tout propos, au caprice de l'administration. qu exiger, en pareil cas, la formalité de la demande d'autorisation, c'est, comme nous le disions plus haut, les soumettre à une humiliation, reconnaître qu'il y a dans l'humanité des êtres supérieurs et d'autres inférieurs, ce qui pouvait peut-être avoir un semblant de motif sous la monarchie censitaire, mais qui n'est certainement plus qu'un outrage à la raison sous le suffrage universel

Les auteurs, du reste, disent que l'autorisation peut être tacite, puisque la loi n'en a point indiqué la forme, et nous pensons que c'est là la seule explication possible de la tolérance Enfin la cour de cassation, allant plus loin encore, a décidé formellement que la notoriété, la publicité en tenaient lieu, arrêt du 12 septembre 1828 (affaire de l'Eglise française, l'abbé Châtel)

Cet arrêt, consacrant une forme de l'autorisation, avait bien aussi un peu pour but de sauvegarder la dignité de la magistrature elle-même Car avec cette doctrine de tolérance, qui laisse fonder des associations, les laisse fonctionner publiquement, librement entreprendre des opérations commerciales ou industrielles, attirer des adhérents, et qui, au gré de sa fantaisie, les renvoie devant les tribunaux et requiert l'application d'une loi sévère, sans autre avertissement le caractere de la magistrature perdrait évidemment de son prestige, en se trouvant n'être plus qu'une arme aveugle, frappant au gré de l'administration

Sous l'ancien régime, les édits et ordonnances n'avaient force de loi que lorsqu'ils étaient enregistrés par les parlements, et ceux-ci ont acquis certainement leurs plus grands titres à la reconnaissance de la postérité, par la résistance qu'ils firent à quelques-uns résistance poussée parfois jusqu'à accepter l'exil sans les faire faiblir

Aujourd'hui encore, dans les lois d'*exception*, le législateur a laissé une grande latitude d interprétation aux tribunaux Nous avons vu dans la discussion de la dernière loi sur la presse, votée à l'unanimité moins une voix (ce qui, soit dit en passant, a dû surprendre bien des honnêtes gens), nous avons vu les ministres, le Conseil d'Etat, la commission, renoncer à définir les délits, les laisser à l'appréciation du juge

Eh bien ! nous disons que si la déclaration, pour une société fondée et ayant son siége central à l'étranger, est insuffisante, si elle se trouve encore, malgré cela, en contradiction avec la loi, la jurisprudence de la cour de cassation lui assure l'impunité quand elle a une notoriété nous verrons tout à l'heure qu'elle n'a point manqué à l'Association internationale Oui, l'impunité, si toutefois ses actes et ses agissements ne sont point contraires eux-mêmes aux lois du pays, mais dans ce cas, l'Association ne serait plus le corps du délit, mais bien seulement le moyen de l'accomplir

Nous serons également obligés de revenir sur ce point, car le ministere public en a fait, à notre grand étonnement, la base de son réquisitoire

Ainsi, nous voyons en France des sociétés nombreuses en rapport journalier avec l'administration et qui ne sont pas autorisées Il n'est presque personne en France qui ne soit susceptible d'être appelé sur ces bancs, la plupart appartiennent à des sociétés, pas davantage autorisées, mais tout aussi connues, et pourraient être appelés demain devant vous, il n'y a plus de sécurité pour personne

La franc-maçonnerie, dont le grand maître est nommé par le chef du gouvernement, n'est point autorisée, elle a constamment refusé de l'être, s'il prenait fantaisie a l'administration de vous la déférer, la condamneriez-vous, et si vous la condamniez, pourriez-vous le faire, sans amener sur ces bancs celui qui nomme le grand maître? Qu'est-ce qui lui tient lieu d'autorisation, *sa notoriété,* malgré ses formes mystérieuses

L'Association pour le progrès des sciences sociales, qui fait au point de vue du capital les mêmes études que nous au point de vue du travail, et que nous avons prise pour modele en tant qu'organisation, a son siége central à l'etranger, un bureau à Paris, et le chef du gouvernement lui faisait demander dernièrement de tenir son prochain congres à Paris Le comité accepte, mais les divers bureaux s'y refusent, le comité donne sa démission, et les bureaux se réunissent à Bruxelles pour en élire un nouveau Qu'est ce qui les met a l'abri de poursuites, *leur notoriete* Il y a en France, et a Paris surtout, une quantité de sociétés de crédit mutuel, le préfet de police leur fait demander tous les ans un bilan de leurs opérations et le nom des membres de leur bureau Elles n'ont point demandé et, par conséquent, pas obtenu d'autorisation, elles sont sous le coup de poursuites, au gré de l'administration c'est ce que votre arrêt décidera

Vous devez comprendre l'importance que nous attachons à voir disparaitre l'arbitraire de donner et de retirer des autorisations, de tolérer ou de ne plus tolérer l'exercice d'un droit que nous declarons être un droit naturel antérieur et supérieur à toute loi Les législateurs l'ont reconnu eux-mêmes en disant que ce n étaient que des lois d *exception*, qui devaient disparaitre avec les causes qui les avaient fait naitre et qui, selon nous, devraient être disparues depuis longtemps, — et nous pouvons le dire d'apres les auteurs de ces lois car M Guizot, ministre qui eut seul le triste courage de soutenir devant la chambre la loi de 1834 en son principe, dit dans ses *Mémoires* que ce fut une faute politique, parce qu'elles sont complétement incompatibles avec les nécessités de notre situation, que tous les jours les besoins de la vie nous forcent de les enfreindre. Si cet arbitraire est insuffisant pour les susceptibilités ombrageuses de l'administration, il n'y a plus pour les gens honnêtes, laborieux, intelligents, travailleurs — et c'est ainsi que nous a qualifiés M. le procureur impérial — qu'à fuir ce malheureux pays de France ou à briser les entraves mises à son développement naturel. Car, on l'a répété souvent, il n'y a pire arbitraire que celui qui se cache sous les formes de la justice, et sous la lettre de la loi.

Il n'y a point d'autres alternatives de possibles, car l'application rigoureuse et réelle de la loi à toutes les sociétés existantes — et ce n'est que dans ce cas qu'on comprend et qu'on peut *se soumettre* à une loi — amènerait un tel état social que la vie ne serait plus possible au travailleur.

En effet, la loi dit que les capitaux ne forment pas d'association, par ce moyen, les capitalistes ont carte blanche. Les ouvriers, eux, qui n'ont que leur travail, ne pouvant l'associer sans s'associer eux-mêmes, tombent sous les pénalités sévères d'une loi faite par des capitalistes. Et avec le développement que prend la féodalité financière et industrielle, avant vingt ans la production entière de la France sera insuffisante *à payer* l'impôt pour l'entretien des armées, le service de la rente et l'aubaine du capital sous ses diverses formes, terre, maisons, outillage, police, science, il ne restera rien, absolument rien, pour celui qui l'aura produite, le salaire qu'il recevra devenant insuffisant à payer ces divers prélevements, nous verrons se produire à Paris ce fait monstrueux du dix-septième siècle : à Madrid, l'on ne pouvait plus trouver de boulangers pour faire du pain.

« Au sein de nos grandes et grandissantes cités, il y a des plaies en comparaison desquelles les massacres féodaux semblent des combinaisons heureuses. A mon idée, il est terrible que le sang soit versé, mais il est autrement terrible que le sang se dessèche et se consume

« Dr Bridges, *de l'Unité de la vie et de la doctrine d'Auguste Comte* (réponse à Stuart Mill) »

Maintenant, examinons si l'Association internationale a eu une *publicité* une *notoriété* enfin, qui puisse nous fonder à dire que si elle n'a point été autorisée, puisqu'elle ne l'a point demandé, elle a du moins été reconnue et peut, par conséquent, se prévaloir de l'opinion de Dalloz et de l'arrêt de la cour de cassation, l'un disant que l'autorisation peut être tacite, et l'autre décidant que la notoriété en tient lieu

Ainsi que nous l'avons dit, au retour du meeting ou l'Association internationale fut fondée, les délégués français firent une déclaration au ministre de l'intérieur, et une au préfet de police, en y joignant un exemplaire des Statuts Presque tous les journaux de Paris rendirent compte de ce meeting et publièrent tout ou partie des Statuts Sous le régime de l'autorisation préalable *rigoureusement* suivi pour la presse, cette publication est déjà elle-même une notoriéte officielle, puisqu'il n'y a eu ni communiqué, ni avertissement donné à ce sujet, et qu'il est bien evident que tout ce qui n'est pas contredit immédiatement par l'administration est accepté, endossé par elle, du fait de l'autorisation préalable

De plus, le reglement provisoire que nous avons lu portait « Art 3 En 1865, un congres aura lieu, etc , etc »

Les difficultés pratiques qu'entraine la fondation d'une Association internationale, et surtout composée exclusivement de travailleurs, qui n'ont point ou fort peu de temps à y consacrer, ne permirent pas la formation du programme pour l'élaboration de ce congrès Le Conseil général provisoire invita alors les correspondants des différents pays à une conférence ou seraient arrêtées les questions à mettre à l'étude pour le premier congrès, qui serait ajourné En 1866, nouvelle publication par les journaux du compte rendu de cette conférence, des questions mises à l'étude, qui sont ainsi portées à la connaissance de tout le monde Les voici

1° Organisation de l'Association internationale, son but, ses moyens d'action,
2° Sociétés ouvrières, leur passé, leur présent, leur avenir, du chômage, des grèves, moyens d'y remédier; de l'enseignement primaire et professionnel,
3° Du travail des femmes et des enfants dansles fabriques, au point de vue moral et sanitaire,
4° Réduction des heures de travail, but, portée, conséquences morales, de l'obligation du travail pour tous,
5° Association, son principe, ses applications, la coopération distinguée de l'Association propre,
6° Des relations du capital et du travail Concurrence étrangère, traités de commerce,
7° Impôts directs et indirects,
8° Institutions internationales crédit mutuel, papier-monnaie, poids, mesures, monnaie et langue,
9° De la nécessité d'anéantir l'influence russe en Europe par l'application du principe du droit des peuples de disposer d'eux-mêmes, et la reconstitution d'une Pologne sur des bases démocratiques et sociales,
10° Des armées permanentes dans leurs rapports avec la production,
11° Des idées religieuses, leur influence sur le mouvement social, politique et intellectuel,
12° Etablissement d'une société de secours mutuels — Appui moral et matériel accordé aux orphelins de l'Association

Mais les correspondants du bureau de Paris crurent devoir en faire une publication spéciale, ils y joignirent quelques extraits des journaux qui avaient parlé de l'Association, un appel a toutes les Sociétés ouvrières de venir prendre part au congrès, et mirent en vente chez tous les libraires, revêtue du timbre, par conséquent av c la consécration officielle, une feuille que voici Sous le couvert de cette notoriété, qui excluait bien toute idée de poursuite, diverses sociétés ouvrières se préparerent à envoyer des délégués au congres

Enfin, au mois de septembre 1866, ce premier congrès

eut lieu à Genève. Nous négligeons de parler d'une foule de publications, avis, renseignements publiés par le bureau de Paris, et qui pourraient n'avoir intéressé que les adhérents, pour ne tenir compte que des faits importants et qui ont consacré sa notoriété d'une manière incontestable. Plusieurs journaux envoient des représentants pour suivre les discussions et en rendre compte, quelques-uns dénigrent injurient même l'Association, entre autres la *Patrie*, qui traite les membres de la commission de voleurs et les adhérents d'imbéciles, d'autres critiquent, blâment par ci, approuvent par là, mais la plupart, même ceux qui n'ont pas envoyé de rédacteurs, ne laissent pas passer sans l'apprécier cette grande manifestation ouvrière.

Les délégués de Paris avaient rédigé un mémoire où étaient condensées leurs idées sur les questions soumises au congrès, ils cherchèrent à le faire imprimer à Paris, pour que chacun pût se fixer sur les principes qu'ils avaient soutenus. N'ayant pu trouver d'imprimeur, en raison des lois restrictives qui régissent cette industrie, ils se décidèrent à le faire imprimer à Bruxelles; mais l'administration crut devoir lui interdire l'entrée en France. Pour connaître les motifs d'une pareille interdiction, les délégués écrivirent une lettre collective au *ministre d'État*, remplaçant par intérim le ministre de l'intérieur, et ainsi conçue :

A Monsieur le Ministre de l'Intérieur,

« Vendredi, 9 mars 1868.

« Les soussignés, délégués de l'Association internationale des travailleurs, exposent leur étonnement profond de la mesure prise par notre administration contre le mémoire lu par eux à Genève. Résolus à accepter la responsabilité de leurs actes, ils ont tenté en France la publication de leur mémoire, et le refus qu'ils ont éprouvé de la part des imprimeurs de Paris les a seul décidés à le faire publier à l'étranger. Ils avaient attribué ce refus à des éditeurs parisiens, à la crainte qu'inspirent à chacun d'eux les lois qui régissent la presse, ils pensaient que, si le mémoire venait de l'étranger, nul obstacle ne serait apporté à la publication de leurs idées, il leur paraissait utile à tous les points de vue que la lumière soit faite sur leurs opinions et que ces idées partagées, quoi qu'on en dise, par un grand nombre de citoyens pussent etre contrôlées par l'opinion publique Forts de leur conscience, ils attendaient la discussion avec le calme d'hommes convaincus

« La frontière leur est fermée, avant d'en tirer aucune conclusion, ils ont cru utile, monsieur le ministre, de vous signaler le fait, et attendre sur ce sujet votre dernière décision »

Ont signé

Les membres de la délégation française

Le lendemain, réponse du ministre, adressée au siége social, 44, rue des Gravilliers, qui invite l'un des signataires à venir à son cabinet, ou on lui expliquera les raisons qui ont motivé l'interdiction

Le delegué s'y présente, un mémoire est sur le bureau, quelques paragraphes sont annotés, on l'invite à les transformer ou a les supprimer On entre en discussion sur le fond des idées emises, le ministre ne conteste pas le droit d'émettre telle ou telle doctrine, toutes ses *observations portent* sur la forme donnée, il demande que l'on adoucisse certaines expressions, que l'on présente moins crument certains faits Sur la réponse que le mémoire a éte lu ainsi à Genève, que du reste c'est l'expression de notre pensée sur lesdites questions, qu'il nous serait difficile de repeter les mêmes idees sans retomber dans les mêmes phrases, le ministre dit qu'alors il se voyait force de maintenir l'interdiction Pourtant, ajoutait-il, si vous y faisiez rentrer quelques remercîments a l'adresse *de l'empereur, qui a tant fait pour les classes ouvrières*, l'on pourrait voir Notre ami se contenta de répondre que l'Association internationale ne faisait pas de politique, que flatter ou dénigrer tel personnage ou parti politique n'entrait point dans ses attributions, qu'elle étudiait le fond des questions, publiait le résultat de ses recherches, et laissait chaque groupe les appliquer suivant la nature de ses besoins et de ses moyens d'action. L'interdiction fut maintenue en France on ne put lire ce qui s'imprimait et se vendait librement à Bruxelles. Pourtant déjà des journaux en avaient publié des fragments, entre autre le préambule, qui est un des points principaux et dont nous serons obligés de vous donner lecture tout à l'heure, mais le Conseil général ayant obtenu du journal le *Courrier international* la publication, en anglais et en français, du compte rendu complet du congrès, notre mémoire en fit partie et entra en France dans les colonnes de ce journal. Cela prouve formellement que ce qu'il renfermait était du domaine de la discussion, et que les termes employés eux-mêmes, pour avoir paru, dans certains endroits, durs au ministre, n'étaient pourtant pas tels qu'ils justifiassent de poursuites ou d'interdiction, même publiés dans un journal.

Ainsi, messieurs, voilà un ministre, le *premier ministre*, qui fait appeler dans son cabinet un délégué de l'Association, qui discute avec lui ses théories, qui ne dit rien de l'autorisation, qui arrête à la frontière une publication et qui n'interdit point le cours de l'Association, et aujourd'hui, sans avertissement, l'on pourrait nous condamner. Nous subirions bien alors la peine matérielle de la condamnation, mais la flétrissure morale irait frapper en plein visage une administration aussi déloyale.

Car si après de pareils faits, des gens viennent adhérer à une société, l'existence de cette société, dans le temps où nous vivons, peut bien leur paraître précaire, mais ils ont au moins le droit de se croire à l'abri des poursuites. Et pourtant plusieurs d'entre nous sont dans ce cas, ne faisant partie de l'Association que longtemps après ces faits. Nous sommes donc en droit de dire que la conscience publique se trouve surprise et que la tolérance n'est plus qu'un *guet-apens*. Ici, messieurs, votre arrêt donnera un solennel avertissement à ceux qu'un autre ministre, dans son rapport, invite à se former, sous sa tolérance, en assemblée. Et nous nous demandons toujours comment on peut appliquer une loi que l'on laisse et que l'on invite même à violer. Nous n'y voyons qu'une seule réponse, c'est que l'autorisation peut être tacite et que la notoriété en tient lieu, autrement, nous vivrions dans le chaos le plus complet, plus de droits et pas même de loi.

Voici des passages de ce rapport :

« La loi ne reconnait encore aujourd'hui d'autres chambres syndicales que celles qui ont pour fonction de régler la discipline de certaines professions spéciales, telles que les professions d'agent de change et de courtier. Elle n'admet, pour représenter officiellement les intérêts commerciaux et industriels, que les chambres de commerce et les chambres consultatives des arts et manufactures. Mais depuis un certain nombre d'années, la formation de chambres syndicales libres est entrée dans les usages de l'industrie parisienne. Le commerce des vins, les industries qui se rattachent à la construction des maisons et aux entreprises de travaux publics, celles qui ont pour objet la fabrication ou la vente des tissus ont établi des syndicats d'origine déjà fort ancienne. Le nombre en a beaucoup augmenté depuis plusieurs années, et l'on en compte aujourd'hui plus de quatre-vingts à Paris.

« L'administration est restée étrangère à la formation et au développement des chambres syndicales, mais il est arrivé souvent que le tribunal de commerce leur a confié la mission de donner leur avis sur des affaires contentieuses ou de les régler par la voie amiable.

« Les raisons de justice et d'égalité invoquées par les délégations ouvrières pour former à leur tour des réunions analogues à celles des patrons ont paru dignes d'être prises en considération, et, conformément aux intentions de Votre Majesté, les ouvriers de plusieurs professions ont pu se réunir librement et discuter les conditions de leurs syndicats.

« En adoptant les mêmes règles pour les ouvriers que pour les patrons, l'administration n'aura pas à intervenir dans la formation des chambres syndicales. Elle ne serait amenée à les interdire que si, contrairement aux principes posés par l'Assemblée constituante dans la loi du 17 juin 1791, les chambres syndicales venaient à porter atteinte à la liberté du commerce et de l'industrie, ou si elles s'éloignaient de leur but pour devenir, à un degré quelconque, des réunions politiques non autorisées par la loi Mais les ouvriers seront les premiers à comprendre que leur intérêt même est engagé à maintenir le caractère purement professionnel de leurs réunions »

Mais vous avez consacré vous-mêmes cette autorisation par la notoriété dans un récent procès, la chambre syndicale des marchands de vin en gros (association illicite tolérée, ainsi que le constate le rapport ci-dessus) poursuivant en diffamation un écrivain, vous avez admis que, quoique l'article poursuivi ne cite le nom d'aucun des membres de cette chambre, cette désignation générale était suffisante pour leur permettre de poursuivre individuellement, et vous avez condamné l'écrivain

Faut-il ajouter, pour établir la notoriété de l'Association internationale, qu'au retour du congrès de Genève, les membres du conseil général, qui remportaient à Londres tous les documents du congrès pour en faire publier le compte rendu, se les virent saisis à la douane à leur entrée en France A leur arrivée à Londres, réclamation au ministère, qui, par l'entremise de lord Cowley, ambassadeur à Paris, fait réclamer à l'administration française ces documents, qui sont rendus par elle-même Faut-il dire encore que le ministère public, à la sixième chambre disait le 4 janvier 1867 l'administration connaît et tolère l'Association internationale Dans ce procès des citoyens qui étaient venus au congrès de l'Association internationale à Genève, et qui n'avaient point été admis à prendre part à ses travaux parce qu'ils n'étaient point délégués, — condition imposée par la conférence de Londres en même temps que le programme, c'est-à-dire un an avant le congrès, — ces citoyens nous ont prodigué toutes sortes d'injures, puisqu'ils sont allés jusqu'à nous traiter d'agents bonapartistes Ils ont été frappés d'une condamnation sévère, nous nous abstiendrons donc d'examiner leur conduite à notre égard, nous constatons seulement que le parquet nous connaissait, qu'il savait que nous n'étions pas autorisés, qu'il le disait, qu'il l'a reconnu devant nos premiers juges et qu'il n'en a pas moins requis contre nous. Il a, il est vrai, déclaré que nous étions des travailleurs intelligents, nous avouons ne point l'être assez pour pouvoir comprendre. Serait-ce donc qu'il y aurait dans la loi des subtilités qui échapperaient à des consciences honnêtes, et les paroles prononcées par le chef du pouvoir, à l'ouverture de la session de 1865, ne seraient-elles qu'un piége? Votre arrêt le dira, car voici comme il s'exprimait :

« J'ai tenu à *détruire* tous les obstacles qui s'opposaient à la création des sociétés destinées à améliorer la condition des *classes ouvrières*. En permettant l'établissement de ces sociétés, nous facilitons une utile expérience. »

Or nous trouvons que c'est une singulière manière de faciliter l'expérience et de permettre l'établissement de ces sociétés que notre présence devant vous. Il est donc de toute nécessité que votre décision vienne apprendre à tous ceux qui y sont intéressés la valeur qu'il faut attacher à toutes ces déclarations, à toutes ces promesses, à tous ces encouragements, à seule fin qu'ils se pénètrent bien qu'en dehors du droit naturel et imprescriptible, il n'y a que déception, arbitraire, piéges, réserves, parcs à procès.

Messieurs, ces différents faits — à part l'entrevue ministérielle à propos du mémoire — sont de l'Association internationale en général, ils ne sont point particuliers au bureau de Paris. Comme groupe particulier, il n'a manifesté son existence — toujours en laissant de côte les faits qui n'ont pu intéresser que ses adhérents — que dans deux circonstances, mais elles sont assez graves et elles ont eu un retentissement assez grand pour que nous devions vous les faire connaître et les porter à l'avoir de notre notoriété.

La première est lors des troubles de Roubaix où il publia l'expression de sa pensée dans une note publique ainsi conçue

« Des troubles regrettables, accompagnés de violences plus regrettables encore, ont éclaté parmi les fileurs et tisseurs de Roubaix

« Les causes sont 1° L'introduction de machines imposant aux tisseurs un surcroît de travail sans augmentation de salaire, et supprimant en même temps un grand nombre d'ouvriers,

« 2° L'établissement d'un règlement imposant des mesures attentatoires à la dignité et des amendes d'une illégitimité flagrante,

« 3° Enfin l'intervention de la gendarmerie dans ces détails d'intérêts privés et dans un cas où elle avait peut-être à veiller à la sécurité publique, mais non à protéger par sa présence les prétentions des particuliers

« La grève provoquée par ces causes a eu pour conséquences les tristes événements dont l'opinion publique a été instruite

« Dans cette situation, l'Association internationale croit devoir se prononcer et appeler l'attention des ouvriers de tous pays en faisant les déclarations suivantes

« L'emploi de la machine dans l'industrie soulève un problème économique dont la solution prochaine s'impose impérieusement Nous, travailleurs, nous reconnaissons en principe le droit des ouvriers à une augmentation proportionnelle alors que, par un nouvel outillage, une production plus considérable leur est imposée

« En France, pays du suffrage universel et de l'égalité, l'ouvrier est encore citoyen lorsqu'il a franchi les portes de l'atelier ou de la fabrique Les règlements imposés aux fileurs de Roubaix sont faits pour des serfs et non pour des hommes libres Ils portent non-seulement atteinte à la dignité, mais encore à l'existence du travailleur, puisque le chiffre des amendes peut supprimer et dépasser le taux du salaire

« Dans un pareil débat, alors qu'aucune violence n'avait été commise, et que la grève commençait par l'abandon des ateliers, l'intervention de la gendarmerie n'a pu qu'irriter les ouvriers, qui croyaient y voir une pression et une menace

« Ouvriers de Roubaix, quelques soient vos justes griefs, rien ne peut justifier les actes de destruction dont vous vous êtes rendus coupables — Songez que la machine, instrument de travail, doit vous êtes sacrée, songez que de pareilles violences compromettent votre cause et celle de tous les travailleurs, — songez que vous venez de fournir des armes aux adversaires de la liberté et aux calomniateurs du peuple

« La grève continue, de nouvelles arrestations ont été faites Nous rappelons à tous les membres de l'*Association internationale des travailleurs* qu'il y a en ce moment à Roubaix des frères qui souffrent Que si parmi eux des hommes, un moment égarés, se sont rendus coupables de violences que nous réprouvons, il y a entre eux et nous solidarité d'intérêt et de misère, au fond du débat il y a aussi de justes griefs que les fabricants doivent faire disparaître Il y a enfin des familles sans chef, que chacun de nous vienne leur apporter son appui matériel et moral »

Les industriels de Roubaix répondirent par une lettre insérée dans le *Journal des Debats*, qui déferait l'Association internationale au procureur impérial

Nous attendons encore des nouvelles de ces poursuites si pompeusement annoncées et qui cherchaient à justifier le règlement attaqué et les amendes vexatoires qu'il contient En effet, il est dit dans ce règlement, article 17, que tout ouvrier qui aura perdu une journée de travail, sans apporter le lendemain un certificat du médecin indiquant qu'il a été malade, sera *puni* d'une amende de 2 ou 3 francs

Nous disons, nous, que les industriels n'ont point le droit de *punir* les hommes qu'ils emploient, que la loi ne peut être faite que par les législateurs et appliquée que par les juges, et que si dans ces cas et vu l'organisation actuelle de l'industrie, ils ont le droit de remercier leurs ouvriers, ils n'ont point celui de retenir une partie de leur salaire, et quelle partie! elle dépasse le salaire ordinaire d'une journée de travail! Car, dans ce cas, ils se constituent législateurs, juges et gendarmes dans leur propre cause Législateurs, ils font le reglement qu'ils *imposent* à leurs ouvriers, car il n'y a rien là qui ressemble à un contrat, juges, ils fixent la quotité, et gendarmes, ils exécutent la sentence en se payant de leurs mains, puisque les ouvriers ont eu confiance en eux pour leur faire crédit pendant un certain temps de leur salaire, et cela sans intérêt Il est vrai que ces messieurs ajoutent que ces sommes sont reversées dans la caisse de secours Ainsi ce n'est point pour se couvrir de la non-valeur que l'absence de l'ouvrier leur a causée, c'est bien *punition*, le *droit feodal*, en un mot, rétabli Car pour se couvrir de la perte de temps de l'ouvrier, il faudrait, quand ils en font perdre, qu'ils puissent être actionnés par leurs ouvriers, tandis que, et c'est une des causes des troubles, une partie des ouvriers se trouvaient renvoyés, et cela sans indemnité, par l'introduction de métiers nouveaux, il n'y avait donc pas mutualité, par conséquent pas contrat, mais, nous le répétons, *deni de justice, droit feodal* L'Association internationale devait intervenir, et le procureur impérial a reconnu que c'était dans son rôle, dans ses attributions, et qu'il n'avait rien à en dire

La seconde manifestation est celle relative à la greve des bronziers de Paris Tout le monde sait que ce furent les patrons qui fermerent leurs ateliers pour forcer leurs ouvriers a abandonner leur société de crédit les ouvriers, sentant l atteinte portée à leur dignité, résisterent L Association internationale intervint et, par l'intermédiaire du Conseil général, obtint d urgence ce qui habituellement exige grâce a de certaines formalités en usage dans les sociétés anglaises, un certain temps l'appui matériel de ces societes, ce qui contribua puissamment à terminer cette affaire en sauvegardant la dignite des ouvriers et en les laissant librement débattre leurs tarifs avec les fabricants, sans qu'il y eût pour ce fait aucune intervention de notre part Devons-nous ajouter que le préfet de police fit appeler les délégués des bronziers et les félicita de la dignité et de la fermeté de leur conduite Ici encore le ministère public a reconnu que nous étions restés dans nos attributions Nous disons, nous, que, dans ces différends, l'œuvre de l'Association internationale a été d'une haute moralité et par conséquent d'ordre public

Apres ces faits particuliers, revient le congrès général de l'Association internationale qui se tient à Lausanne, dont tous les journaux ont encore rendu compte et ou plusieurs sociétes ouvrieres avaient envoyé des délégués

La notoriete nous paraît, après tout cela, d'une évidence telle qu'il serait puérile d'insister, du reste le juge d'instruction nous a déclaré que depuis longtemps il suivait le mouvement de l'Association internationale, et qu'il reconnaissait qu'elle avait fait tellement de publicite que l'on pouvait dire que c'etait jusqu'à la réclame Ce n'est donc point pour son défaut d'autorisation que l'Association a eté poursuivie, et la veritable raison des poursuites, c'est que l'on a cru que derriere cette notoriété, cette publicité, l'Association s'occupait de politique, et qu'il se pourrait bien que tout cela cachât une manœuvre de parti politique puisque l'on avait vu quelques-uns de ses membres à la manifestation si bruyamment annoncée du 4 novembre Mais après des perquisitions minutieuses faites chez quelques-uns de ses membres, les commissaires qui en étaient chargés, surpris de ne rien trouver de clandestin, ne mirent pas à exécution les mandats d'amener dont ils étaient porteurs, et apres deux mois d'instruction, la poursuite sur le chef de société secrete dut être abandonnée, mais l'administration ne voulut pas, apres ces perquisitions, cette instruction, abandonner completement les poursuites, et l'on se rattrapa sur le defaut d'autorisation, qui, nous le répétons, n'est plus punissable pour nous sans amener ici toutes les sociétés non autorisées ou violer l'*egalite devant la loi*

Pour soutenir cette accusation, l'on mit en avant que l'Association avait dévié de son but Mais nous vous montrerons d'une façon péremptoire qu'il n'en est rien, mais le fait serait-il vrai, ce ne seraient que ces actes qui, s'ils étaient délictueux, pourraient être incriminés, mais pas l'Association elle-même, sans avertissement. Sans entrer dans l'examen des faits que le ministere public a relevés pour établir que l Association s est détournée de son but et faisait de la politique, on peut s'en tenir a l'ordonnance de non lieu sur le chef de société secrète Il est clair que si l'Association avait dit publiquement Nous faisons ceci, tandis qu'elle faisait cela, l on n'eût point abandonné cette accusation Du reste, tous les faits relevés sont des actes isolés, des phrases adroitement coupées de correspondances privées de quelques-uns des membres de l Association, et des faits des bureaux étrangers, completement inconnus a Paris

Nous allons donc, pour vous montrer que l'Association ne pouvait pas faire de politique, définir ce qu'est la politique selon nous et bien d'autres, selon tous ceux enfin qui mettent la morale, la vérité, la justice au-dessus de la politique, et l'on pourrait meme dire en opposition à la politique

Pour cela nous prendrons une définition publiée à Paris, en 1823, dans un ouvrage intitulé *Mélanges de morale et de politique*, par Etienne Jouy, de l'Academie française, dédié à Boissy-d'Anglas, pour éloigner toute idée de parti-pris ou de justification tardive que l on pourrait voir dans nos propres paroles

« Qu'est ce que la politique?

« D'après la définition la plus universellement admise, la *politique* est l art de gouverner les Etats

« Elle se divise en politique interieure, par laquelle on entend la conduite du gouvernement à l égard des citoyens, et en politique extérieure, ou conduite du gouvernement dans ses rapports avec les gouvernements étrangers

« Un grand poete a dit de la *politique* moderne qu'elle était fille de l'intérêt et de l'ambition, et mère de la sédition et de la révolte En effet, le fanatisme a moins produit de maux que la *politique*, plusieurs religions ont éte consolantes et douces, plusieurs sectes sont charitables et tolérantes

« La *politique* a toujours été décevante et cruelle, presque tous ses projets ont eu pour but l'*oppression* ou la *conquête* son art consiste à *surprendre* par des alliances, par des traités qu'elle *rompt* ou qu'elle *interprete* au gré de l'intérêt et des passions qu'elle sert Les Vèpres siciliennes, les massacres d Irlande, la Saint Barthélemy, la depopulation de l'Amérique, tous les *grands crimes* qui ont ensanglanté et désolé la terre, la *politique* les conseilla Ce fut elle qui dit aux Espagnols « Ces douze millions d hommes que vous avez conquis, et que, de si loin, vous voulez tenir *sous le joug*, le briseront un jour *égorgez-les*, puisque vous ne pouvez en faire des *esclaves*, » et ils furent égorges La *religion* et l'avarice n'etaient que les *auxiliaires* de la *politique* dans ce massacre de tant de nations innocentes

« On parle depuis longtemps de *politique supérieure*, de combinaisons d un ordre élevé, de *raison d Etat*, de *coups d'Etat*, toutes ces expressions sont identiques, toutes se réduisent a ces mots *necessité*, *injustice* La *raison d Etat* est un voile grossier dont on couvre une *grande infamie*, le *coup d Etat* est un voile sanglant qui couvre un *grand crime* La ruse avilit la politique comme l'hypocrisie degrade la religion

« Les moralistes et les législateurs des peuples se sont trop souvent joués de leurs semblables Les uns et les autres ont été tour à tour *indulgents* par *bassesse* et *séveres* par *orgueil* ceux-là ont elevé si haut la vertu, que le plus sage a désespéré de l atteindre, ceux-ci ont tellement élargi, tellement *aplani* la route de l *arbitraire* que la voie la plus périlleuse est néanmoins devenue la plus commode, et l'art de gouverner les hommes n'a plus été que l *art de les tromper* et *de les asservir*

« Justinien a divisé son *code* en *droit civil*, *droit politique* et *droit des gens* je ne puis reconnaitre qu'un *seul code*, celui de la *morale* En vain, depuis le subtil Scott jusqu'aux disciples de Locke, depuis les commentateurs du code retrouvé à Amalfi jusqu'aux plus dévoués défenseurs de l'*autorite*, de vains casuistes, publicistes, jurisconsultes et philosophes, se sont amusés, à l'envi les uns des autres, a *embrouiller* la théorie de nos devoirs, à *compliquer*, *alterer*, *obscurcir* les *notions primitives* de la *justice*, je ne puis voir, dans leurs divisions arbitraires, dans le *chaos* de leurs *for-*

mules, que les rayons oblitérés du principe central dont ils émanent

« L'histoire de presque tous les temps n'est qu'un tissu de *violations de traités, de guerres injustes de paix frauduleuses*, d'atrocités politiques et de *lâches apologies Chimistes empoisonneurs*, les professeurs de droit public n'ont songé, pour la plupart, qu'à *manipuler* l'espèce humaine dans l'*intérêt* de la *puissance* Le *temps est venu* de ramener aux seuls principes la plus haute et *la première des sciences*, puisqu'elle a pour objet de fonder sur la *morale* le bonheur, la force et l'indépendance des nations

« Préparés par une révolution qui a eu ses phases, ses repos, ses développements, et dont nous avons vu, si ce n'est le dernier, du moins le plus formidable éclat, les hommes de l'Europe, et les Français surtout, sont prets à reconnaître cette grande vérité que la morale publique et la morale privée, que la politique et la philosophie, ont leur source commune dans la *morale*, c'est-à-dire dans la conscience humaine

« Au nombre des maximes adoptées par les publicistes, il en est une plus particulièrement à *leur usage*, et qui leur sert à *justifier* tous les *crimes* politiques selon eux, le *salut des rois*, le *salut des peuples est la loi suprême*, comme si le salut des peuples et des rois pouvait se trouver ailleurs que dans le *respect de la justice*, où réside le *salut de l'espèce humaine*. Ils rendaient hommage à cette grande vérité, ces généreux citoyens d'Athènes qui refusaient d'entendre une proposition de Thémistocle qu'Aristide trouvait *injuste*, bien qu'elle *parût utile* aux Athéniens »

Voilà, messieurs, pourquoi l'Association internationale ne fait pas de politique et fait de la science sociale

Il est très vrai pourtant qu'au début de l'Association quelques-uns de ses membres ont cherché à en faire une arme de parti politique, mais comme alors elle perdait sa raison d'être, ils se sont vus, par la force des choses elles mêmes obligés d'y renoncer, et il se trouve qu'au lieu d'entrer dans la politique elle s'en est affranchie, car que feraient dans une société internationale politique les Suisses, par exemple, qui jouissent de ce côté de toutes les libertés, les Anglais, les Belges, qui, si chez eux les possedent moins complètes, n en sont pas moins, relativement à *la France*, fort avancés? Tandis que la question du prolétariat, du salariat, du travail, est la même, aussi bien en Suisse qu en France ou qu'en Amérique, la question politique se pose souvent pour un peuple à un point de vue différent Il est au contraire évident que la question économique ne se résoudra dans aucun pays d'une façon differente, que la coopération de tous lui est indispensable ceci est formulé d'une façon bien nette et bien précise dans les considérants placés en tête du règlement provisoire, devenu définitif après le congres de Geneve

Ainsi voilà le but bien défini, voyons les actes Au congres de Genève on pose la question des *armées permanentes* question politique, dit le ministère public, de *l'impôt* politique dit-il encore, de l *influence russe en Europe* politique toujours Voyons donc comment le bureau de Paris, puisque c'est de lui en définitive qu'il s'agit ici, les a traitées, et pour cela nous n'avons qu'a ouvrir le memoire que les delégués ont lu à Genève D'abord, pour les armées, le ministère public n'a lu que la moitié du titre, car il dit des *armées permanentes, au point de vue de la production* Est-il besoin d'ajouter qu'à ce point de vue il les a condamnées? Existe-t-il au monde quelqu un qui soutiendrait le contraire sans mériter d'être conduit à Charenton? *Sur l'impôt*, voici sa conclusion

« Mais entreprendre aujourd'hui une réforme radicale de l'impôt et proposer une organisation nouvelle, nous semble impossible, car si la solution de toutes les autres questions posées par le programme doit amener l'émancipation du travail, il n'en est pas de meme de la question de l'impôt, qui ne peut trouver de solution pratique qu'après cette émancipation consommée

« Nous nous bornons donc, pour l'instant, à indiquer que l'impôt doit être aussi direct que possible, pour que la part afférente à chacun, nettement déterminée, lui permettre de sentir la charge qu'il supporte, et que la juste répartition en soit facilement contrôlée »

Nous ne voyons là rien de politique

Sur l'*influence russe*, voici la simple déclaration qu'il fit sur cette question

« Partisans de la liberté, nous déclarons protester contre tous les despotismes, condamner et réprouver énergiquement l organisation et les tendances sociales du despotisme russe, comme devant conduire infailliblement au communisme le plus abrutissant, mais, délégués à un congrès économique, nous croyons n'avoir rien à dire sur la reconstitution politique de la Pologne »

Ou le ministère public a-t-il trouvé la déclaration qu'il nous impute, celle intitulée Des idées religieuses et de leur influence sur le développement moral et social des peuples? Ici encore nous avons fait cette simple déclaration

« Il nous est impossible de faire sur cette question autre chose qu'une déclaration de principes

« La religion est une des manifestations de la conscience humaine, respectable comme toutes les autres, tant qu'elle reste chose intérieure, individuelle, intime, nous considérons les idées religieuses et toutes les idées *a priori*, comme ne pouvant être l objet d'une discussion utile, chacun pensera sur ce point ce qu'il jugera convenable à la condition de ne point faire intervenir « son Dieu » dans les rapports sociaux, et de pratiquer la justice et la morale »

Maintenant remarquez, messieurs, que si l'on trouve aujourd'hui que ces questions ont un caractere politique et peuvent, par conséquent, justifier les poursuites, c'est justement sur elles que l'un des délégués a eu à s'expliquer chez le ministre, qui pourtant, croyons-nous, doit un peu s'y connaitre S'il n'en a pas été question dans cette entrevue, c'est que les délégués parisiens, afin qu'il n'y eût point d'équivoque possible, avaient placé en tête de leur mémoire un préambule qui déterminait et précisait le sens des questions et la raison d'être de l Association internationale

Le voici

« De toutes les phases qu'a traversées l'humanité, il n'en est point, à notre avis, de plus importante que celle dans laquelle le peuple est entré depuis quelques années

« Il n'avait point eu, jusqu'à présent, d'existence propre, en effet, dans les actes les plus solennels de la vie politique et sociale, alors même qu'elle ne semblait agir que d'après ses idées à elle, la démocratie se traînait à la remorque de ses patrons, et on l'a vue naguère employer toute son énergie à opérer le triage de ses maîtres, et *combattre follement pour le choix des tyrans*

« Ce qui distingue essentiellement la période actuelle de celles qui l'ont précédée, c'est que le travail s'affirme l'égal des autres forces, et veut conquérir sa place dans le monde moral et matériel, par sa seule initiative et en dehors de toutes les influences qu'il a, jusqu'en ces derniers temps, subies et même recherchées

« Comment en est-il arrivé là? Quelles transformations cette idee a-t-elles subies avant de se produire au grand jour?

« La democratie a été jusqu'ici continuellement vaincue De 89 a 1800, la bourgeoisie fit dans ses rangs, à coups de decrets, de sabre ou de canon, de larges trouées que les guerres de l'empire n'ont certes pas comblées La restauration n'a jamais prétendu au titre de gouvernement populaire Arrive 1830! Nouvel échec Sous la monarchie de juillet, chaque levée de boucliers s'est terminee par une catastrophe Le travail s'agite de nouveau, a propos de la réforme parlementaire, février le trouve debout, réclamant, à grands cris son émancipation. Decidé a tous les sacrifices, il met au service de la république trois mois de misère, puis, à tort ou a raison, il croit s'apercevoir qu'on le chloroformise, qu'on l'enjôle, il veut autre chose que des discours n'obtenant rien, il se leve et affirme à cinq ou six fois sa souveraineté, enfin, de choc en choc, de chute en chute, massacre par la république bourgeoise, comme il avait été décimé par les monarchies, il tombe, apres cinquante ans de combats, dans la plus insigne mystification la philanthropie!

« Cependant, si épais qu'on suppose le crâne du prolétaire, il y pénètre bien, de temps en temps, quelques idées, si embourbé qu'on le croie dans le « cloaque des intérêts matériels, » il a aussi quelque peu souci de sa dignité d'homme, et se croit, tout comme les autres, autre chose qu'une machine. Il se recueille et cherche les causes de ses défaites. Voilà les illettrés à l'œuvre.

« Les plus avisés fouillent l'histoire et découvrent que pendant trois siècles la bourgeoisie, elle aussi, s'est trouvée refoulée chaque fois qu'elle s'est levée. Arrive 89, elle se présente et prend, presque sans obstacles, sa place dans l'État. Pourquoi pas cent cinquante, cent, ou même cinquante ans plus tôt? A cette question l'histoire répond : Elle n'était pas digne!

« Tout le dix-huitième siècle fut employé par elle à conquérir, par l'étude et le travail, la capacité qui lui manquait, et quand vint 89, elle était, en talents, en science, en richesse, au moins l'égale de l'aristocratie. Là est le secret de son triomphe.

« Cette histoire est la nôtre, s'écrient les travailleurs, et ils concluent, sans honte comme sans faiblesse à leur incapacité.

« Alors, à l'agitation de la rue, aux sociétés secrètes, succède l'étude, et, après quinze années de travail opiniâtre et de recherches laborieuses, ils se concertent et tentent en commun un suprême effort, ils organisent l'Association internationale, à l'appel de laquelle nous répondons aujourd'hui.

« D'après ce qui vient d'être dit, le but de l'Association internationale est nettement défini : réunir, grouper, pour les rendre plus fructueux, tous les efforts individuels tentés jusqu'ici en vue de l'émancipation du prolétariat par le prolétariat lui-même, ceci, ou tout au moins développer entre les différentes nations aujourd'hui séparées par des intérêts antagonistes, un lien moral qui, les rendant toutes solidaires, centuple leur force, leur influence, et les conduise, les unes par les autres, vers la réalisation de cet idéal de justice objet de leur revendication et leurs vœux. En un mot, le but de l'Association internationale est d'amener par les voies scientifiques — et pacifiquement, s'il est possible — le prolétaire à l'émancipation, à l'égalité de droit, non plus en théorie, mais en pratique.

« Avant de légiférer, d'administrer, de bâtir des pa-
« lais, des temples, de faire la guerre, la Société tra-

« vaille, laboure, navigue, échange, exploite les terres « et les mers Avant de sacrer des rois et d'instituer « des dynasties, le peuple fonde la famille, consacre les « mariages, bâtit des villes, etc (1) » C'est donc de ces différentes manifestations qu'il convient de s'occuper d'abord »

Pour les faits qui suivent grèves de Roubaix, des bronziers et autres, le ministère public a reconnu lui-même qu'elles étaient du ressort de l'Association Nous n'y reviendrons pas Au congrès de Lausanne, un fait plus affirmatif encore se produit Un délégué italien reçoit une depeche lui annonçant que Garibaldi doit passer à Lausanne le lendemain, il fait la proposition que le congres nomme une députation pour aller le recevoir à la gare Aussitôt les delégués de Paris et Dupont de Londres, de déclarer que les ouvriers réunis au congrès n ont point à s'occuper du passage de tel ou tel personnage, si influent ou si sympathique qu'il puisse être que si Garibald président d'une quantité de Sociétés ouvrières italiennes, se présente à ce titre au congres, il y sera reçu comme tous les autres délégués Cette déclaration parut tellement évidente, que, sans discussion, le délégué italien retira sa proposition Voilà, messieurs, tous les actes de l'Association, et nous ne pensons pas que sérieusement l'on puisse soutenir qu'elle se soit écartée de son but et qu'elle ait changé ses moyens d'action et de propagande

Est-ce donc à dire que l'Association interdit à ses membres de s'occuper de politique dans les manifestations diverses auxquelles elle donne lieu dans les différents pays Non, messieurs, comme chaque bureau conserve son autonomie dans la fédération générale, chaque individu conserve la sienne dans son groupe L'Association internationale n'impose à ses membres que la vérité, la morale, la justice, et à ses groupes, de ne

(1) P -J Proudhon *De la capacite politique des classes ouvrieres*

chercher l'affranchissement des travailleurs que par les efforts des travailleurs eux-mêmes

Comme homme et comme citoyen, nous croyons, au contraire, que chacun de nous a le droit et, par conséquent, le devoir de s'occuper, dans la mesure de ses forces, de tout ce qui se passe au monde, et surtout de chercher à mettre les institutions de son pays en tel état que le développement social y soit de plus en plus facile

Messieurs, nous ne viendrons pas ici vous faire le tableau de la situation actuelle des travailleurs pour prouver la nécessité impérieuse de l'Association internationale

Nous vous rappelons seulement les paroles prononcées par M Persil, procureur général près cette cour, en 1853

« Tout serait compromis, disait-il, si l'on pouvait peindre chaque jour aux ouvriers leur position, comparée à celle d'une classe plus élevée de la société, en leur représentant qu'ils sont des hommes comme eux et qu'ils ont droit aux mêmes jouissances »

M LE PRÉSIDENT — C'est impossible que M Persil ait dit des choses comme ça

MURAT — Les paroles sont textuelles

M LE PRÉSIDENT — Alors elles sont incomplètes, il y avait quelque chose avant ou après

MURAT — Elles ont été prononcées dans un procès de coalition d'ouvriers tailleurs et avec le sens qu'elles comportent (1)

Nous ne savons point, nous, ce qui serait compromis, mais ce que nous savons bien, c'est que notre liberté, notre dignité, notre vie même le sont tous les jours, et que nous n'attendons pas que quelqu'un nous le montre,

(1) C'est dans un procès de crieurs d'écrits qu'elles furent prononcées mais elles furent relevées et critiquées sévèrement dans une brochure par un ouvrier tailleur, nommé Grignan

que nous le savons et le sentons, et que tout cela a pour cause la concentration des capitaux.

Le travail en manufacture, par l'introduction des machines, a éloigné les patrons des ouvriers. Dans bien des cas il n'existe plus de patrons, mais seulement des commanditaires qui, sans aucun rapport avec les producteurs et ne connaissant que le plus fort rendement de leurs capitaux, ont poussé la production humaine à sa dernière expression, sans s'occuper de ce que deviendraient ces producteurs, usés avant l'âge et auquel la rétribution allouée n'a point permis de se garantir. Dans certains centres industriels la féodalité financière en est arrivée jusqu'à détruire l'idée de la famille en la réduisant *au lit*, se chargeant même de préparer la nourriture de ses serfs, pour qu'ils puissent consacrer plus de temps au travail et moins développer leurs idées d'indépendance. Il en est ainsi à Mulhouse, et ce système est préconisé par l'économie officielle. M. Batbie, professeur d'économie politique à l'école de droit, disait dans ses conférences à l'école Turgot que cette cuisine était supérieure à celle de la plupart des bourgeois de Paris. Dans d'autres, le crédit fait aux commanditaires par les travailleurs atteint la somme énorme de deux millions (usine du Creuzot, où les ouvriers sont deux mois sans recevoir de paye, quoiqu'elle s'élève à un million par mois).

En présence de pareils faits, les ouvriers ont un besoin pressant d'unir leurs efforts pour sauvegarder ou rétablir leurs foyers dans les lieux où ils sont déjà gravement compromis, et utiliser à leur profit le crédit qu'ils font aux détenteurs de l'outillage. L'Association internationale leur en procure les moyens. Elle a déjà considérablement contribué à transformer les haines jalouses et stupides, que la politique entretenait de peuple à peuple, en sentiments de solidarité, qui s'affirment de jour en jour davantage par des faits. Quel que soit votre arrêt, même en supposant, ce qui nous paraît impossible, que vous mainteniez le jugement, l'Association, le bureau de Paris, les Sociétés ouvrières continueront d'aller étudier en commun dans les congrès. Ils n'en poursuivront pas moins leur marche réformatrice et de transformation sociale, et finiront par obtenir au travailleur un salaire égal à son produit, et à établir la justice dans les rapports sociaux, alors celui qui voudra manger sera bien obligé de travailler

Nous nous résumons et nous maintenons que l'Association internationale, fondée pour établir un lien de solidarité entre les travailleurs de tous pays, et étudier dans des congrès annuels les diverses questions qui les intéressent, est une garantie d'ordre social autrement puissant que les fusils Chassepot, que le bureau de Paris, en se constituant, croit s'être mis dans la legalité par ses déclarations aux autorités, que, dans tous les cas, ses actes et ses rapports, depuis son ouverture, la lui ont acquise, et qu'il est impossible qu'un jugement le condamne sans qu'il ait reçu d'avertissement, que, gêné dans sa marche par les lois restrictives qui fleurissent en si grand nombre en ce pays, il s'est tenu rigoureusement dans la donnée generale de l'Association internationale, sans jamais faire acte de vie collective sur n'importe quel autre sujet, laissant de ce coté ses membres agir librement et sous leur responsabilite personnelle

En conséquence, nous persistons dans nos conclusions

PERRACHON — Je n'ai rien à ajouter quand à la défense générale, mais M le président a dit, en parlant de la sollicitude que les classes supérieures avaient pour nous, que nous ne savions pas combien etait grande leur bienveillance, leur charité

Nous repoussons toute bienveillance, toute charité, nous ne voulons que le droit, la justice !

DAUTHIER — Messieurs, j'accepte la defense générale, et n'ai rien à dire concernant les questions de droit et de fait

Mais, à mon égard, c'est différent, je vais suivre rapidement les mouvements de l'Association internationale et vous dire les causes qui m'y ont fait adhérer.

Les premiers actes de l'Association, en se formant, sont les deux lettres, l'une au ministre, l'autre au préfet de police, les avertissant qu'elle ouvrait un bureau d'études sur les questions d'économie sociale

Quand j'y suis entré, il y avait près de trois ans qu'elle existait, qu'elle prenait part, et avec intérêt, au mouvement des différentes Associations en voie de formation, qu'elle envoyait des délégués à Genève, plus tard à Lausanne, qu'elle donnait ses conseils et son appui dans les moments de grèves (exemple en ce moment la Suisse et la Belgique), qu'elle publiait un grand nombre d'articles, voire le préambule des délégués parisiens a Geneve et ses Statuts, etc , enfin, messieurs, elle n'a pas cesse un instant d'être et d'agir au grand jour

Et c'est après trois ans et tant de publicité que l'administration s'aperçoit seulement qu'une institution utile aux travailleurs, que cette école moderne en fait d'économie, est et devient de plus en plus nuisible et même dangereuse pour la société

M le ministre de l'instruction publique n'est pas du tout de cet avis, ni moi non plus, il ne voit, et avec raison, de véritable danger pour la societé tout entière que dans l'ignorance, en effet, quand dans son rapport au chef de l'Etat, en mars 1865 (1), il cite des paroles de Mirabeau (2), ou il est dit .

« Ceux qui veulent que *le paysan ne sache ni lire ni écrire* se sont fait sans doute un patrimoine de son ignorance, et leurs motifs ne sont pas difficiles a apprécier, mais ils ne savent pas que lorsqu'on fait de l'homme *une bête brute,* on s'expose à le voir a chaque instant se transformer en *bête feroce* »

Sans lumières, pas de morale, mais à qui importe-t-il

(1) Rapport sur l etat de l enseignement primaire en France au 1er janvier 1864

(2) *Œuvres oratoires de Mirabeau,* tome II, p 487.

donc de les répandre, si ce n'est au riche? La sauvegarde de ses jouissances, n'est-ce pas la morale du pauvre?

Nous ne nous adressons pas aux riches, nous n'avons pas besoin d'eux pour cela Laissez-nous agir, donnez autant de liberté que dans les pays voisins, et nous travailleurs nous saurons nous affranchir nous-mêmes Est-ce être exigeants que de demander et de vouloir revendiquer notre droit, qui est un droit naturel, comme le dit Boileau « Chassez le naturel, il revient au galop »

Oh! si l'Association n avait pas voulu rester en dehors de toute influence officielle, si elle avait voulu se laisser baptiser du mot *autorisation*, et agir en conséquence, *elle ne serait pas devant vous, mais moi, je ne serais pas de l'Association internationale des travailleurs*

Je conclus en répétant que ce n est que sa grande publicité qui me l'a fait connaitre, aimer et y adhérer, parce que j'ai besoin de m instruire, et qu'il faut que les citoyens puissent se voir, se réunir, s'entendre, afin de se préparer un bien être et des jouissances dont la classe travailleuse, la classe ouvrière est privée depuis si longtemps, et qu'on parait disposé à ne pas vouloir lui accorder de sitôt Puisque aujourd'hui, en l'an de grâce 1868, sous le suffrage universel, l'article 1781 existe encore, n'est-ce pas maintenir le droit de *maîtrise*, que l'illustre Turgot avait aboli en 1776, en disant « que le droit de travailler est la propriété sacrée et imprescriptible du pauvre, etc , » retabli quelque temps après par les defenseurs des vieux abus, aboli de nouveau en 1789, et retrouvé encore debout dans cet article, mais l'ouvrier *honnête, laborieux et intelligent* ne veut plus et ne doit plus subir cette humiliation

Après la defense, M L'AVOCAT GENERAL MERVEILLEUX-DUVIGNAUX se leve et s'exprime en ces termes.

Tous les prévenus, a l'exception du premier, ont accepte le débat au fond Ils ont sagement agi en ne persistant pas dans la voie ou ils s etaient d'abord engagés

Chemalé seul aujourd'hui conserve l'attitude qu'il avait prise dès le début du procès. Je le regrette, et je ne puis le comprendre. Je le regrette, parce qu'il était de l'intérêt de tous que cette affaire, qui a excité une certaine émotion, ne souffrît pas d'inutiles retards et ne fût pas ainsi divisée. Je ne le comprends pas, parce que rien, absolument rien, ne justifie l'incident soulevé par Chemalé. Je n'ai pas même à rechercher, en principe, sous quelle forme et jusqu'à quel point la communication du dossier doit être faite aux prévenus. Il ne s'agit pas ici, on le sait bien, d'une question de droit, mais d'une question de bonne foi. Est-il vrai, oui ou non, que, fidèle à sa constante et loyale habitude, le parquet ait offert l'entière et libre communication des pièces avant l'audience? Est-il vrai qu'aucune autre condition n'y ait été apportée que la mesure d'ordre indispensable pour établir l'identité de l'inculpé et assurer l'intégrité du dossier? Tout le monde, Chemalé tout le premier, sait parfaitement que les droits de la défense ont été amplement garantis. C'est ce qu'ont reconnu, après s'être un instant associé à la singulière protestation de cet inculpé, les quatorze autres prévenus. Rien ne justifie donc la position que Chemalé persiste à prendre, évidemment dans le but unique de se donner un texte pour les développements que vous venez d'entendre. Il ne pouvait y avoir lieu de s'arrêter à cet incident, et vous confirmerez sur ce point le jugement, en modifiant toutefois peut-être, au point de vue du fait, les motifs de la décision des premiers juges.

Quant au fond de l'affaire, la cause, déjà très simple devant le tribunal, semble l'être devenue plus encore devant la cour. Nous n'avons plus à insister sur certains points qui sont désormais incontestés, ou plutôt qui n'ont jamais fait l'objet d'une contestation sérieuse. Il est bien entendu qu'une Association a été formée, qu'elle se composait (nous ne parlons que du groupe de Paris) non-seulement de plus de vingt, mais de plus de sept cents membres, et que les prévenus en faisaient partie. Ils en étaient sinon tous les chefs, du moins les principaux, puisqu'ils composaient la commission parisienne. Il est bien entendu de même que l'Association n'a pas été autorisée ou, si l'on veut, ne l'a pas été dans la forme réglementaire.

On avait, en première instance, cherché à soutenir qu'aucune autorisation n'était nécessaire, soit à cause du caractère international de la Société, qui n'avait, disait-on, de siége nulle part, et qui embrassait l'univers, soit parce que le siége était à Londres et que les réunions françaises n'étaient que les rameaux d'une Association étrangère.

Nous ne pouvons croire qu'on ait jamais sérieusement compté sur de pareils moyens, et pensé qu'il était possible d'échapper à l'application des lois du pays en se donnant une existence cosmopolite ou une direction, vraie ou apparente, à l'étranger. On a si bien compris que l'autorisation était nécessaire, qu'en définitive on l'a demandée.

Je sais que ce mot révolte la fierté des prévenus. Vous venez d'entendre à ce sujet les prétentions exprimées par celui qui a pris la parole au nom de tous, et l'un des appelants, dans son interrogatoire, vient de dire que ce qui l'avait déterminé à faire partie de l'Association, c'est précisément qu'aucun acte administratif n'en avait marqué l'origine. C'est une satisfaction d'amour-propre qu'ils se donnent, en même temps qu'ils donnent à la justice la mesure de leurs véritables sentiments, et je pourrais leur répondre ici : Que devient votre système de défense, consistant à dire que votre bonne foi est surprise et que vous avez cru à l'existence d'une autorisation au moins secrète, puisque vos principes vous défendent précisément de vous soumettre à la nécessité d'une autorisation? Mais, en fait, on a demandé l'autorisation, ou, si vous le voulez, on l'a provoquée en écrivant notamment les lettres dont parlent les conclusions des appelants, et qui, je prends les termes mêmes des conclusions écrites, l'une au ministre de l'intérieur, l'autre au préfet de police, déclaraient la constitution et l'existence de la Société. Pourquoi ces lettres, sinon pour essayer de se mettre en règle et pour arriver, en définitive, au moins à pouvoir argumenter, comme on le fait aujourd'hui, du consentement ou de la tolérance de l'administration ?

Il y a donc un fait certain l'autorisation a été recherchée, elle a été refusée, ou, pour parler plus exactement, elle n'a pas été accordée

Mais elle résulte, dit-on, et c'est ici que nous abordons le seul point qui soit aujourd'hui discuté, elle résulte tacitement de la publicité constante des actes de l'Association, dont la fondation avait été annoncée à l'autorité, elle résulte expressément, ce sont encore les termes des conclusions, des lettres écrites au secrétaire par le cabinet du ministère, et de l'entrevue qui a eu lieu à la suite de ces lettres

Examinons ce moyen

Je ne le discute pas implicite, équivalant à l'autorisation en la forme réglementaire

Quelques arrêts ont répondu affirmativemeet, dans des cas tout à fait exceptionnels, et notamment en matière spéciale de réunions religieuses, et quand bien même on ne voudrait pas poser en principe de droit que l'autorisation peut être suppléée, je n'hésite pas à dire qu'une poursuite qui serait une surprise et qui serait, par conséquent, indigne et de l'administration et de la justice, ne se produira jamais, et que si, par impossible, elle venait à se produire, les juges sauraient la réduire à ce qu'elle vaudrait

Mais est-ce le cas, et est-il vrai de dire, comme le soutiennent les inculpés, qu'après les avoir acceptés, tolérés, que dis-je ? encouragés, tout à coup, sans motifs, sans avertissement, sans que rien ait provoqué cette rigueur, l'administration non seulement leur ait retiré sa tolérance, mais les ait livrés à l'autorité judiciaire ? En un mot, puisque le terme vient d'être prononcé ici, est-ce une poursuite déloyale, une atteinte à la bonne foi publique ?

Ce sont des mots, messieurs, mais allons au fond des choses Voici la vérité

Oui, l'administration a su ce qui s'organisait, et elle l'a non pas à proprement parlé approuvé, mais toléré. Elle a consenti à faire, à un titre essentiellement provisoire, une expérience à laquelle la conviaient des hommes dont le programme ostensible paraissait acceptable, et dont les intentions annoncées pouvaient recevoir quelque encouragement. Des ouvriers sérieux, honorables, laborieux, intelligents, connaissant par leur expérience personnelle les besoins et les souffrances du milieu dans lequel ils vivaient, s'annonçaient comme voulant rechercher, en mettant en commun leur activité et leurs lumières, les causes de ces souffrances et les moyens d'y remédier. Ils protestaient que la politique était et demeurait complétement étrangère à leur association, des sentiments généreux étaient exprimés. C'en était assez pour qu'on laissât l'œuvre naître, à la fois sans l'opposition et sans l'appui de l'autorité. Rien, jusque-là, qui ne soit une preuve, à la suite de tant d'autres, de la profonde sollicitude qui, à tous les degrés de ce que les prévenus appellent la classe gouvernante, accompagne les justes aspirations et les légitimes efforts des travailleurs, cette sollicitude, car elle s'est manifestée à l'égard de l'Association internationale, non-seulement au début, mais tant qu'il a été possible de croire à la réalisation des espérances conçues, je la reconnais, ou plutôt je la proclame, et dans cette confiance si longtemps accordée, je ne trouve qu'une raison de plus d'accuser ceux qui ont abusé.

L'administration savait assurément combien était brûlant le terrain sur lequel ces hommes voulaient s'engager, elle savait combien était facile à franchir la limite qu'ils avaient promis d'observer, elle savait que, malgré eux peut-être, quelques uns d'entre eux seraient entraînés à la dépasser, et c'est pour cela qu'elle n'avait pas voulu autoriser officiellement l'entreprise, mais elle savait en même temps qu'un peu de bien pouvait résulter d'une expérience loyalement tentée, et indépendamment des assurances données par les associés, certains faits étaient de nature à mériter un encouragement. On vous a parlé, messieurs, des paroles prononcées dans une autre enceinte par l'organe du ministère public à l'audience du 7 janvier 1867, et desquelles, dit-on, résulta la preuve qu'aucune intention de poursuite n'existait alors. Rien n'est plus vrai : j'ai sous les yeux les termes mêmes, si bienveillants, et en même temps si prudents, du réquisitoire prononcé à cette époque contre les membres d'une société secrète, et j'y vois en effet qu'une des raisons pour lesquelles l'Association internationale était tolérée, était l'animosité que témoignaient contre ses principaux représentants les hommes, sinon plus avancés dans leurs opinions, du moins plus violents dans la forme, qui, au congrès de Genève, étaient allés soulever des orages, et qui, à Paris, combattaient et injuriaient les *gravilliers*. Mais qu'est-ce que tout cela ? un engagement de ne jamais poursuivre ? une acceptation de tout ce qui pourrait être fait ? Quelle que soit leur volonté d'incriminer les actes de l'autorité, les inculpés n'osent le dire. Ils savent bien qu'il existait une convention tacite, pourquoi ne dirais-je pas une convention expresse, avec l'administration, et qu'il ne pouvait pas être entendu que le jour où il se produirait une infraction au programme annoncé, la tolérance cesserait et la loi serait appliquée.

Soit, disent-ils, mais pourquoi frapper sans avertissement ? J'admets un instant qu'il ait fallu les avertir de bonne foi, à quoi eût servi ce préliminaire ? Comment, au moment même où le procès se jugeait en première instance, le bureau se reconstituait, et l'Association faisait de nouvelles publications ! Depuis lors, elle a fonctionné sans rien changer à son programme, ainsi que vous le montreront les documents dont j'aurai tout à l'heure à vous parler !

Le mépris le plus manifeste de l'avertissement le plus solennel, c'est-à-dire l'avertissement judiciaire, n'a cessé d'être témoigné par les associés, et nous pourrions admettre qu'un avertissement administratif eût produit un autre effet que de marquer d'une manière plus significative l'infraction au programme convenu et la résistance a l'autorité ? Non, ce n'est pas sérieusement qu'ils prétendent qu'il eût été utile de les avertir

Mais, au point de vue de la loyauté, devait-on le faire? Fallait-il, avant de frapper, les mettre en demeure ? S'ils étaient sincères, ils reconnaîtraient qu'au fond les avertissements ne leur ont pas manqué Mais enfin ils n'ont pas été administrativement sommés de se dissoudre Devaient-ils l'être ? Je tiens, dans l'intérêt de la dignité de la poursuite et, par conséquent, de la justice, à préciser nettement la situation

Remarquons bien d'abord qu'il ne s'agit pas ici de la masse des Sociétaires, qui, plus ou moins, ont pu se faire illusion sur l'état legal de la Société et sur les actes du Comité directeur La prévention n'est dirigée que contre les membres de ce Comité, qui savaient parfaitement à quoi s'en tenir sur les vraies tendances et les faits et gestes de l'Association C'est à eux que s'applique notre raisonnement

Je vous ai dit qu'une convention existait, une convention morale et de bonne foi, dont la condition était évidemment celle-ci. Société tolérée, vous obtiendrez cette tolerance tant que vous n'aurez pas violé vos engagements, mais le jour ou vous manquerez a vos promesses, vous retomberez sous le coup de la loi, dont l application n'est que suspendue Le jour ou il sera certain que, tandis que vous annoncez hautement des principes de paix et de concorde, vous devenez et vous etes de véritables agitateurs, des mesures sont prises pour prévenir ou faire cesser l'agitation Vous êtes dès à présent prévenus, on agira, et l'on agira avec fermeté et promptitude, parce qu'il ne faut pas transiger avec les éléments subversifs Allez, a vos risques et perils

Eh bien ! messieurs, ils sont alles, ils ont franchi la limite, ils se sont maintenus sciemment sur le terrain défendu, et leur attitude était telle qu'il était parfaitement certain qu'on ne les ramenerait pas par les voies amiables à l'observation de la convention Vous allez voir s'il était temps d'intervenir

Il importe d'abord de vous rappeler que, malgré les

programmes imprimés où l'indépendance réciproque des divers groupes d'associés était proclamée, et où l'on indiquait comme centre unique de l'Association le conseil général de Londres, le bureau de Paris avait non-seulement en France, mais même ailleurs, une prépondérance reconnue.

Je n'indique pas le fait comme étant une infraction caractérisée aux Statuts soumis à l'administration, mais il a son importance, d'abord pour préciser le rôle joué dans la Société par les membres du bureau parisien, puis pour montrer les véritables tendances de l'Association. Ce fait, contesté par les prévenus, résulte clairement de la correspondance saisie, et l'un des inculpés, obligé de le reconnaître en présence des lettres qui l'établissaient, s'est contenté de s'expliquer en ces termes significatifs : « La nécessité était plus forte que la règle. » Paris dirigeait donc. Quel était l'esprit de cette direction? Nous le voyons apparaître dans les lettres qu'écrivait, au commencement de 1867, Lécluze, de Roubaix, à Chemalé, qui ont été lues devant le tribunal, et où se trouvaient notamment, avec des menaces violentes à l'adresse du haut fonctionnaire qu'on accusait d'avoir intercepté une correspondance, des détails instructifs sur l'établissement d'un groupe appelé *Association bibliophile*, avec une bibliothèque pour prétexte « en cas de malheur, » il apparaît de même dans les lettres adressées d'Amiens, par Petit, en août 1867, sur les moyens d'organiser l'entreprise en société civile pour échapper à la nécessité de l'autorisation, et dans les lettres de Lelong sur l'organisation d'un *veto* populaire, il apparaît dans le rôle relativement adouci, mais cependant nettement accusé, que jouaient à Genève et à Lausanne les délégués du bureau parisien, dans le manifeste général publié en Belgique, dont un exemplaire a été saisi chez Tolain, partout, au lieu de pures questions économiques ou professionnelles auxquelles devaient se borner les études et l'action de la société, les questions politiques et sociales les plus irritantes sont traitées dans les termes les plus ardents, sur les impôts, les armées, les religions. De ces documents, les uns n'ont été connus que par les saisies faites au cours de la procédure, mais les autres, imprimés et devenus publics, suffisaient pour montrer le but vrai des efforts des associés. Et cependant on a attendu encore.

L'Association pouvait s'arrêter dans cette voie périlleuse. Elle ne l'a pas fait : il a fallu agir.

Que répondent les inculpés ? Opinions individuelles, disent-ils, attitude des membres en dehors de la Société. Quant à l'Association elle-même, elle n'a jamais participé à ces faits ; les lettres ne lui ont pas été communiquées, les discours n'étaient pas prononcés en son nom ; les brochures étaient étrangères à l'action du bureau de Paris ; jamais enfin, dans les réunions qui ont eu lieu, il n'a été question que des matières dont on avait la permission de s'occuper. Le procès, en un mot, n'est qu'un procès de tendance.

Ce n'est pas vraisemblable et ce n'est point vrai.

Vraisemblable, est-ce qu'on peut croire que des hommes, pénétrés, exaltés, comme l'étaient ceux dont vous connaissez les écrits et les paroles, laissant, si je puis ainsi dire, déborder en toutes circonstances les opinions au soutien desquelles toute leur activité était consacrée, aient pu, dans ces séances où ils apportaient, comprimés, je le veux, mais intérieurement tumultueux, de pareils éléments de discussion, résister à la double excitation d'une réunion d'amis et d'un entretien sur ce qu'ils avaient de plus cher ?

Eux-mêmes l'ont dit dans leurs interrogatoires : il n'était pas possible que la limite ne fut pas franchie. En fait, l'a-t-elle été ? N'est-il pas reconnu qu'on a discuté le principe des impôts que Chemale a apporté aux réunions des listes d'adhésion à la ligue du désarmement ? Je ne veux pas ici refaire les lectures que nous trouvons dans le compte rendu des audiences du tribunal. Relisez, messieurs, ces passages instructifs.

Je tiens seulement a insister sur ce point, qui suffirait a lui seul pour justifier la poursuite, je veux dire la part active, ardente, prise par la commission parisienne à toutes les grèves Elle le reconnaît, et s'en fait honneur

A Paris, à Amiens, à Roubaix, à Londres, toutes les fois que l'occasion s'en est présentée, elle a apporté le concours de ses conseils, de ses subsides, de sa correspondances On l'a su, dit-elle, et on l'a laissée faire, bien plus ! on l'a encouragee Non, messieurs, et quand de douloureuses conséquences suivaient des troubles apaisés, l'autorité administrative aidait ou surveillait la distribution des secours apportés aux familles des malheureux qui s'étaient laissé égarer, on n'en peut rien conclure en faveur du systeme qu'a suivi et que suit encore l'Internationale, et qui, elle le sait bien, ne peut être toleré Peu importe ici la question de droit sur les coalitions, une seule question se soulève Est il possible de laisser se constituer ainsi une sorte d'agence générale des greves ou se payent, comme à bureau ouvert, les frais des coalitions, quelles qu'elles soient, et d'ou partent des excitations, des encouragements, des consultations a l'adresse de ceux qu'on ne saurait trop apaiser ?

Les prévenus n'ont jamais pu le croire, et cependant qu'ont-ils fait ? On savait bien, par les actes ostensibles du bureau parisien, sa sympathie active pour toutes les greves, mais on a appris que par la correspondance saisie le véritable caractere du mouvement qu'il a imprimé

Ici M l'avocat général donne lecture de plusieurs lettres de Londres, de Suisse, de Rouen, etablissant les manœuvres du comite parisien lors de la greve des bronziers

A cette époque, continue M l'avocat géneral, on payait le voyage de Tolain a Londres pour l'organisation de cette greve Une lettre de Dupont, datée de Londres, du 4 mars 1867, apres avoir fait connaitre les efforts tentés par lui pour venir en aide aux bronziers, disait

« Vous pouvez donc dire aux bronziers qu'ils ne cèdent pas un pouce de terrain car je crois pouvoir vous assurer que toutes les sociétés anglaises suivront l'exemple des relieurs Nous recevrons, pour cette grève, nous l espérons, des sommes considérables Surtout pas de concessions, car il faut que dans cette lutte l'Internationale emporte le morceau »

Une lettre du 22 août 1867, de Petit a Chemalé, entretient celui ci de l'organisation, a Amiens, d'une grève de teinturiers et d'un projet de caisse de résistance calquée sur celle des bronziers Le bureau s'en occupait avec empressement

Ce n'était pas assez d'encourager les greves françaises

L'appui moral et matériel de l'Association était accordé aux ouvriers anglais On en a la preuve par un télégramme envoyé de Londres par Dupont, le 9 octobre 1866, annonçant que les zingueurs etaient en greve, et demandant qu'on empêchât l'envoi d'ouvriers français

Le même Dupont, écrivait le 26 mars 1867

Le Conseil général à tous les membres de l Association.

« Les conducteurs, mécaniciens et les chauffeurs du chemin de fer de Londres-Brighton, etc , ayant vu leurs justes réclamations refusées, viennent de se declarer en greve Dans cette situation, quelles que soient les offres avantageuses faites aux ouvriers mecaniciens, ils doivent les repousser au nom de la solidarité qui doit unir tous les ouvriers Que ceux qui hésiteraient se rappellent l'appui que les ouvriers anglais donnent en ce moment aux ouvriers bronziers de Paris Le conseil genéral vous engage a faire tous vos efforts pour aider au succes de nos freres anglais Pas une minute à perdre, faites insérer dans les journaux Il y a urgence Voyez les grands ateliers de mécanique, et envoyez-nous les journaux qui inséreront C est de la plus grande importance qu'une grande publicité soit faite Les ébénistes ont voté 500 fr Je vous le répete *Vite! vite! tres-vite!* »

A la suite de cette communication, une note était publiée dans plusieurs journaux Le 17 avril 1867, Dupont écrit :

« Mon cher Chemalé,

« Votre lettre a produit une bonne impression sur le conseil général. Puisse elle fouetter un peu le sang des Anglais! Le mieux que nous puissions faire, c'est de les pousser en avant dans la voie de la révolution. Déjà deux branches de la *Reform-League* discutent la question suivante :

« La république est-elle meilleure que la monarchie « pour le peuple anglais? »

Le 4 mai, lettre de Dupont à Fribourg :

« La maison Mortimer, de Londres, a envoyé à la maison Thomson une caisse contenant des habillements pour être faits à Paris, car vous savez que les tailleurs ici sont en grève, — faites donc vos efforts pour trouver le président des tailleurs à Paris, afin d'empêcher que ces travaux soient exécutés. *Faites toutes ces démarches au nom de l'Internationale, et surtout du vif!* »

Le 20 mai, lettre de Dupont à Chemalé :

« Publiez, publiez sans cesse. Vous me demandez si les Anglais vont en finir. Cela dépendra des circonstances; si le gouvernement n'avait pas eu peur au dernier meeting et qu'il eût employé la force, aujourd'hui ce serait fait. Plus de 200 000 hommes de province n'attendaient qu'un signal pour descendre armés sur Londres, au secours des *reformers*. Enfin, espérons que ce sera reculer pour mieux sauter. »

Enfin, à tant de preuves de ce que voulait et faisait l'Association vient se joindre cette lettre du 1er novembre, écrite par Dupont à Chemalé, à l'occasion du secours apporté par nos armes au souverain pontife :

« Que pensez-vous de l'intervention? Bonne chose si les Français ont encore des ... ça doit leur fouetter le sang. Pour ma part, depuis plusieurs jours, je suis dans un état de surexcitation extrême, je crois entendre à chaque instant la nouvelle d'une insurrection à Paris.

« Pensons à un comité pour les souscripteurs révolutionnaires Pour l'Italie, les journaux anglais nous donnent à chaque instant des nouvelles contradictoires Je fais des vœux pour que le droit flanque une tournée à qui vous savez »

Et, trois jours après, sur le boulevard Bonne-Nouvelle, dans la manifestation, bientôt dissipée, qui a menacé un instant la paix publique, se trouvaient réunis, disent-ils, par hasard, treize ou quinze membres du comité parisien

Messieurs, le véritable esprit de cette Société, sur laquelle l'illusion n'est plus possible, il est dans ce placard, qui, au moment même de la poursuite, s'affichait à Londres par les soins des membres français de l'Internationale .

ASSOCIATION INTERNATIONALE DES TRAVAILLEURS

(Branche française de Londres)

Anniversaire de la Révolution française de 1848

« Aux révolutionnaires !

« Le meeting commémoratif des glorieuses journées des 22, 23 et 24 février 1848 aura lieu le lundi 24 février 1868, à Cleveland Hall, Cleveland street, Fitzroy square, à huit heures du soir

« Les citoyens de tous pays (*sic*) amis de la révolution, sont invités à y assister — Entrée libre »

Oui, c'est là le mot Aux révolutionnaires ! Voilà, quelle que soit la nuance, quel que soit le programme de ceux avec lesquels les prévenus se déclarent en communauté de principes, le véritable appel auquel ils veulent qu'on réponde Appel aux passions, appel aux faiblesses, appel aux souffrances, appel même à certains sentiments généreux, dans l'intérêt de la révolution Appel à l'ignorance, hélas ! ignorance du profond et sincère désir qui nous anime de répondre aux légitimes aspirations de ceux qui souffrent, et de travailler, par le rapprochement des cœurs et des forces, à l'œuvre commune de l'équilibre des droits de tous.

Ah! si les prévenus étaient vraiment les hommes paisibles qu'ils prétendent être, ils auraient agi, ils agiraient maintenant surtout autrement qu'ils le font. Ils n'auraient pas dit, comme ils l'ont fait en première instance par la bouche de Tolain, ces paroles où n'apparaît que trop l'esprit révolutionnaire, dissimulé sous la modération d'une forme étudiée.

« Quel que soit votre jugement, demain nous ferons la même chose que nous avons faite hier. Ce n'est chez nous ni haine ni esprit de rébellion, c'est le sentiment de notre droit. Nous avons désormais la prétention de faire nos affaires nous-mêmes. Nous n'avons qu'un seul moyen de sortir de cette fausse situation, c'est de violer la loi pour avertir qu'elle est mauvaise. »

Et ils ont fait comme l'annonçait Tolain. Les noms sont changés, mais non la chose, et, au fond, les hommes restent. Des avis imprimés ont convoqué les membres à des élections nouvelles. La commission a été renouvelée. Elle fonctionne, l'Association continue sur les errements du passé. Les journaux qui la protégent annonçaient le 17 avril, il y a quatre jours, le changement de domicile de la commission, se tenant comme par le passé, à la disposition des sociétaires.

Le *Courrier français* du 10, sous le titre de *Tribune des travailleurs*, insérait cet avis.

« La grève continue à Genève. En présence de cette situation, le concours des travailleurs devient plus urgent que jamais pour soutenir leurs frères de Genève dans leurs justes réclamations. »

Il ajoutait que les souscriptions seraient reçues au domicile de l'Association et à celui de l'un des membres du bureau.

Je n'ajoute rien, si ce n'est que de pareils faits, s'ils ne peuvent aggraver la situation des appelants, étrangers, en apparence du moins, à ces actes, achèvent de nous montrer ce que veut cette Société et comment elle le veut

Si l'autorité écoute toutes les plaintes et consent libéralement à tenter toutes les épreuves utiles, elle ne peut tolérer la guerre ouverte, persistante, obstinée, faite à la loi

Nous estimons qu'il y a lieu de confirmer la décision des premiers juges.

TOLAIN réplique

En écoutant tout à l'heure M l'avocat impérial comme nous avions écouté l accusation dirigée contre nous à la sixieme chambre, nous avons pu reconnaitre que le proces qu'on nous fait est un proces de tendance, car pendant quatre ans les actes de l'Association internationale des travailleurs ont été publiés Ses Statuts, ses réunions, son programme, ses congres, tout a éte connu — Ses membres, ceux qui sont devant vous, qui ont eté condamnés, ont eu ce bizarre privilege de recevoir d'abord a la sixieme chambre, ensuite ici, de la part des magistrats qui les poursuivaient, le brevet d'ouvriers laborieux, intelligents, honnêtes Donc les actes de l'Association étaient publiés, et la vie privée de ceux qu'on poursuit est inattaquable Sur quoi donc a-t-on pu s'appuyer pour les condamner? Sur ce que (et je vous prie de vous y arrêter parce que c'est toute l'accusation résumée en trois phrases), sur ce que certains actes particuliers à certains membres du bureau de Paris ont pu faire supposer que, peut-être a un moment donné, l'Association pourrait être entrainée a se mêler de politique Cela est si vrai que l'accusation tout entiere n'est échafaudee que sur des faits étrangers aux membres poursuivis du bureau de Paris, sur des lettres particulieres échangées entre des amis de longue date, qui se permettaient parfois de juger en citoyens les evénements politiques de leur pays, enfin sur des accusations impossibles a prouver, parce qu'elles sont fausses, comme celle d'avoir organisé la tentative de manifestation du 4 novembre 1867.

De ce que, colporté depuis trois semaines dans tous les ateliers, le bruit de cette manifestation nous avait attirés dix ou onze sur le boulevard Bonne-Nouvelle, on suppose que nous en sommes les organisateurs Mais les rapports de police mêmes, qui signalent notre présence, sont erronés, je l'ai démontré dans l'instruction

Nous assistons vraiment à un spectacle étrange il y a des lois (art 291-292 du code pénal, loi du 10 avril 1834) qui interdisent les Associations non autorisées, ce sont ces lois qu'on nous applique Est-ce pour les actes publics ou cachés de l'Association? Non point reglement, union, congrès, intervention dans les grèves, on connaissait tous ces actes, et on ne les incrimine point

L'accusation reconnaît qu'ici nous sommes restés dans le cadre trac par nos Statuts Pourtant on nous condamne parce qu'il en est parmi nous qui se sont permis certains actes individuels, de telle sorte que, pour des faits personnels qui ne renferment ni un délit ni une contravention, puisqu'on ne poursuit personne pour des faits individuels, on dissout, on poursuit une Association, sans pouvoir incriminer ni un de ses actes ni un de ses membres, et cela apres quatre ans d'existence publique

Une pareille façon d'interpréter la loi est faite pour jeter le trouble dans les esprits, fausser toutes les notions de bon sens, de loyauté, de justice, dans la conscience populaire

Magistrats, le mot d'arbitraire vous blesse? Eh bien! pourtant que nous est-il arrivé? Un jour, un fonctionnaire s'est levé, l'esprit morose, un incident a rappelé a sa mémoire l'Association internationale, et, comme ce jour il voyait tout en nous d'innocents que nous étions la veille, nous sommes devenus coupables le lendemain, sans le savoir

Alors au milieu de la nuit on a envahi le domicile de ceux qu'on supposait les chefs, comme si nous, nous avions des chefs, ou des meneurs, comme on dit encore, comme si nous conduisions nos adherents, tandis qu'au contraire nos efforts ont toujours tendu à nous inspirer de leur esprit, a exécuter leurs décisions

On a tout fouillé, saisi tout ce qui pouvait paraître suspect, on n'a rien trouvé qui pût servir de base a une accusation quelconque, puisque les commissaires chargés de ces visites domiciliaires n'ont pas cru pouvoir mettre à exécution un seul des mandats dont on avait eu soin de les munir

Et après une instruction laborieuse, après des interrogatoires de trois et quatre heures, on ne trouve sur le compte de l'Association, rien, rien que ce que tout le monde connaissait, ce qui était public, que ce que nous-mêmes, autant qu'il avait été en notre pouvoir, nous avions jeté aux quatre vents de la publicité

Oh ! nous n'ignorons point la théorie qu'on nous oppose, mais nous protestons contre Vous avez jusqu'ici, nous dit-on, vécu de tolérance, cette tolérance vous est aujourd'hui retirée

Tant que l'administration vous a crus sans importance, elle vous a laissés faire, mais a présent, elle pense que vous allez devenir dangereux, et elle vous defère à la justice Or, comme dans de pareils cas le tribunal applique la loi, il nous semble étonnant d'être ainsi déférés aux sévérités de la magistrature par un caprice administratif Je ne dis pas caprice sans raison, car la poursuite qui nous est intentée n'est que le résultat d'une pure appréciation Il nous plaisait de vous tolérer, il nous plait aujourd'hui de vous poursuivre De nous poursuivre ! nous prétendons que de bonne foi on n'en a pas le droit !

Même en abandonnant le vrai terrain de la question, qui nous fait considérer le droit de réunion comme un droit naturel, même en descendant sur ce terrain restreint qu'on est convenu d'appeler la légalité, on avait peut-être le droit de nous absoudre, mais nous ne reconnaitrons jamais qu'on ait eu le droit de nous poursuivre, encore moins celui de nous condamner

L'accusation prétend que nous nous sommes occupés de politique, et l'on argumente sur des faits qui se sont passés à l'étranger ou sur des actes individuels qui, à l'extérieur comme à l'intérieur, ne tombent pas sous le coup de la loi. M. l'avocat impérial ne les déclare pas moins répréhensibles, ce n'est qu'une appréciation, mais elle lui suffit pour demander qu'on prononce la dissolution de l'Association et, de plus, qu'on nous punisse.

De quels crimes collectifs ou individuels s'agit-il donc? Le voici. Deux branches de la *Reforme League* et de l'Association internationale ont mis à l'etude la question de la république comme forme de gouvernement. — Au 24 février, la branche française de Londres a célébré dans un banquet l'anniversaire des trois glorieuses journées comme ils les appellent.

Eh quoi ! c'est parce que des membres de l'Association, résidant en Angleterre, ont prononcé le mot de république, que vous poursuivez les membres du bureau de Paris? Voyons, messieurs, cela n'est pas sérieux, ou alors soyez logiques, poursuivez-nous parce que nous avons dans nos bibliothèques Montesquieu, Condorcet, La Boetie. Quant à ce banquet, nous n'y avons assisté que de cœur, puisqu'on ne peut en France célébrer sans autorisation les grands anniversaires de son pays. Dans quel temps vivons-nous, pour qu'on fasse un crime aux fils de 89 de connaître des Français qui se souviennent à l'étranger que la révolution de 1848 avait donné au peuple le suffrage universel?

Ah ! il y a des lettres ! des lettres qui n'ont jamais été rendues publiques, jamais lues aux réunions, et qui contenaient des appréciations politiques. Mais d'abord ces lettres, vous en ignoriez le contenu, puisqu'elles ont été saisies à nos domiciles. On se figurait y trouver les preuves d'une conspiration, d'une société secrète, mais elles ne renferment même pas un délit que vous puissiez formuler ou poursuivre.

Croyait-on donc que le jour ou nous sommes devenus membres de l'Association internationale, nous avions abandonné ou vendu nos droits de citoyen, et que dans notre pays, avec notre sang et notre argent, on ferait la paix, la guerre, les emprunts les traités de commerce, sans que nous ayons à nous en préoccuper

Ce que l'on avait à voir, à surveiller, c'était l'Association en tant que collective si elle s'est occupée de politique, démontrez-le par des faits, non par des suppositions, des hypotheses Mais là s'arrête votre droit Tous nos actes privés, individuels, ne sont pas de votre domaine, et de plus, en tant que citoyens, individus, nous en acceptons la responsabilité Que si l'ensemble de ces faits vous a fait voir un danger pour l'avenir, un point noir à l'horizon, vous pouviez, d'après votre these, nous retirer la tolérance, mais on n'avait pas le droit de nous poursuivre, pas le droit de nous condamner

Avouez donc qu'en ce moment on nous fait un procès de tendance, qu'on veut nous faire condamner non pour des délits que nous avons commis, mais pour ceux qu'on croyait que nous avions pu ou que nous allions commettre, envers nous l'autorité prend des arrhes comme pour des débiteurs insolvables

Au fond, tout ceci est plus grave qu'on ne croit Si nous procédions comme l'accusation, par hypothese, nous dirions que le gouvernement ne nous a laissés marcher que pour trouver l occasion de nous prendre en faute, puisque, lassé de voir que nous n'en commettions pas, il ne trouve aujourd'hui, pour nous faire condamner, qu'une simple contravention qui dure depuis quatre ans, et dont il a toujours été prévenu

Un autre reproche nous est fait, celui d'avoir mis à l'étude des questions politiques Déja nous avons relevé cette erreur et montré qu'au contraire, nous avions avec soin écarté toute question qui, par son actualité, pouvait porter ombrage au gouvernement

Il est une de ces questions qui donne juste la mesure de notre politique Le bureau de Paris avait lui-meme mis au programme du congres de Lausanne *Definition et rôle de l Etat* Mais est ce que cette question se rapportait exclusivement à la France? Est-ce que c'etait un moyen détourné de discuter la forme du gouvernement français?

Vraiment c'était nous croire trop naïfs si l'on se figurait que citoyens, « à notre âge, » nous n'avons pas notre opinion faite sur le gouvernement de notre pays Non, cette question est une question générale qui ne s'applique pas plus aux gouvernements monarchiques qu'aux gouvernements républicains Nous autres socialistes qui avons été mitraillés en juin et transportés au 2 decembre

M LE PRESIDENT — Je vous arrête la, je ne vous permettrai pas de glorifier l'insurrection de juin, le déchaînement des passions mauvaises

TOLAIN — Je me permettrai de vous faire observer, monsieur le président, que je ne glorifie ni ne blâme, je constate

M LE PRÉSIDENT — Oui, mais je sens bien quel sens vous donnez aux mots, vous voulez glorifier l'insurrection, les prises d'armes

TOLAIN — Encore une fois, monsieur le président, je constate purement et simplement que les socialistes, et nous le sommes, ont été mitraillés et deportés en juin et en décembre, ce sont là des faits historiques

M LE PRÉSIDENT — Eh bien! je vous défends de le répéter, ou je vous retire la parole

TOLAIN — C'est pour cela que nous ne nous contentons pas d'un mot ou d'une forme extérieure Ce que nous desirons changer, ce sont les choses Dans la société que nous rêvons, le travail sera la base constitutive, nous avons donc cherché quel serait le rôle de l'Etat, et à en donner une definition Etait-ce une arme de guerre ramassée au hasard? Non, puisque la discussion nous a prouvé que la question de la propriété se trouvait intimement liée à celle-là, et que toutes deux ont eté renvoyées aux discussions de l'année prochaine

Ce n'est point la l'économie politique que les ouvriers devraient faire, a-t-on dit, et l'on pensait que la leur ne s'occuperait que des rapports entre les patrons et les ouvriers, c'est-a-dire des heures de travail et du taux des salaires L'autre économie politique, qui a ses professeurs officiels au collége de France, qui est payée par le budget, cette économie politique ne doit être connue que des lettrés

Il est vrai qu'en l'étudiant tous les jours, nous ne constatons guère que ses erreurs et son impuissance, mais nous avons d'autant plus le droit de nous en préoccuper que si l'on continue à la prendre au sérieux, elle prépare à la société plus d'une terrible crise

Elle est bien vieille, allez, l'économie politique officielle, et ce qui prouve qu'elle n'est pas une science, c'est que depuis qu'elle existe elle contiue à propager les memes erreurs, se bornant à enregistrer des faits, prenant les effets pour des causes, et bâtissant là-dessus ses théories et ses axiomes

M. le président — Laissez donc l'economie politique, et plaidez votre affaire

Tolain — Mais on nous accuse d'avoir fait de la politique, et je puis dire comment l'économie politique y touche, nous sommes bien forces de l'etudier, cette économie politique officielle, puisque nous en subissons les consequences, et afin de voir ou elle se trompe, ou elle ment, car elle ment toujours à notre détriment, elle ment non pas dans le mauvais sens, mais parce qu'elle se trompe et elle ignore

Mais, du reste, pourquoi toujours suspecter nos intentions ? Nous ne voulons que la mise en pratique du droit et de la justice Aussi n'avons-nous pas procédé comme les vieilles castes ou les partis politiques cherchent à escalader le pouvoir pour imposer leurs idees et leurs systèmes Nous avons jeté dans le public le résultat de nos études, procédant ainsi, par la persuasion, à la révolution juridique, à l'avénement du droit, alors que tout nous conviait a la révolution de fait

En agissant ainsi, nous en sommes convaincus, nous jetons les assises de la société future, qui sera fondée sur le travail et non sur la spéculation et l'agio car les vieilles vertus de la bourgeoisie s'en vont, l'ordre, l'économie, le travail, qui firent jadis sa force, c'est le peuple aujourd'hui qui est en train de les acquérir Nos Associations, que la loi condamne, seront les seuls éléments d'ordre et de reconstruction que trouvera la société alors que sera venue la catastrophe

La catastrophe, si facile à prévoir depuis que tout se concentre aux mains des monopoleurs, aux mains de ceux qu'un éminent magistrat qui occupait ce siége du ministere public, a flétris courageusement du nom de *mangeurs d'argent*

Car dans la corruption des mœurs à laquelle nous assistons aujourd'hui, ce n'est pas le peuple ouvrier qui a donné l'exemple, ce n'est pas lui qui exécute la saturnale, aussi, quand vous appliquez la loi, nous vous disons Songez-y, il y a un monde nouveau qui se leve, le monde du travail, pour vous en convaincre, prêtez l'oreille, et les échos de Charleroi, de Bologne, de Geneve vous fourniront d'irréfutables arguments

Quand le peuple, poussé par la force des choses, est prêt à descendre dans la loi en si grand nombre qu'il menace de la briser, il est sage aux législateurs, aux magistrats, de l'abroger ou de la laisser tomber en désuétude J'ai dit

L'audience est levée et le jugement remis au 29 avril

JUGEMENT

« La Cour

« Statuant sur les appels interjetés, par Chemalé, du jugement du tribunal correctionnel de la Seine du 6 mars 1868, et par Héligon, Murat, Fournaise, Dauthier, Gérardin, Guiard, Perrachon, Delorme, Tolain, Camélinat, Gauthier, Bellamy, Bastien, Delahaye, du jugement du même tribunal du 20 du même mois,

« En ce qui touche l'appel de Chemalé

« Considérant qu'il est incontestable que le prévenu

traduit devant la juridiction correctionnelle doit recevoir communication des pièces du dossier,

« Mais considérant qu'il résulte des documents du procès que les pièces du dossier ont été mises à la disposition de Chemalé et qu'il a dépendu de lui d'en prendre connaissance,

« Qu'ainsi la demande de sursis présentée par lui devant les premiers juges n'était pas fondée,

« Met l'appellation au néant,

« Ordonne que le jugement dont est appel sortira son effet,

« Condamne Chemalé aux dépens,

« En ce qui touche les appels interjetés par Héligon, Murat et autres, du jugement du 20 mars 1868

« Vu les conclusions prises par lesdits appelants devant la cour,

« Considérant qu'il resulte de l'instruction et des débats qu'une Association prenant la qualification d'*Association internationale des travailleurs* s'est formée en 1866,

« Que l'objet annonce de cette Association était de procurer un point central de communication et de cooperation entre les ouvriers de differents pays aspirant au même but, le concours mutuel, le progres et le complet affranchissement de la classe ouvriere, que la réunion du conseil central était fixé à Londres, qu'un bureau était établi a Paris, que ce bureau a un reglement imprimé dans lequel se trouvent les dispositions suivantes

« En se faisant inscrire, chaque nouvel adhérent paye
« 50 centimes de droit d'admission et reçoit un carnet
« de societaire,

« La cotisation est fixée a 10 centimes par semaine

« La commission chargée de l'administration est com-
« posee de quinze membres nommes au scrutin

« La commission choisit dans son sein trois corres-
« pondants, un caissier et un secrétaire

« Chaque jour, un des membres de la commission doit
« se tenir au bureau pendant deux heures, pour recevoir
« ou fournir les renseignements »

« Considérant que, conformément a ces statuts l'Association a reçu son organisation et le bureau a eu son siége rue des Gravilliers, n° 44,

« Que le nombre des adhérents, qui s'était éleve à plus

de douze cents, dépassait encore sept cents au moment des poursuites,

« Que la commission se réunissait les lundi et samedi chaque semaine, et que ce dernier jour tous les affiliés étaient admis à la réunion,

« Considérant que le bureau de l'Association internationale établi à Paris s'est mis en relation avec les diverses parties de la France et avec l'étranger,

« Que des délégués ont été envoyés aux congrès de Genève et de Lausanne et à Londres pour assister au conseil général,

« Que le bureau de Paris est intervenu, par ses conseils et ses remises de fonds, dans les grèves des ouvriers bronziers, des ouvriers tailleurs et des ouvriers de Roubaix,

« Qu'il était en correspondance avec les bureaux établis dans les principales villes de France et de l'étranger,

« Considérant qu'il est donc constant que les appelants, qui étaient tous membres de la commission, ont fait partie d'une Association de plus de vingt personnes,

« Que cette Association n'avait pas obtenu l'agrément du gouvernement, conformément à l'article 291 du code pénal,

« Considérant que les prévenus reconnaissent avoir fait partie d'une Association de plus de vingt personnes, qu'ils soutiennent seulement que cette Association a été tacitement autorisée par l'administration,

« Considérant que l'autorisation a été sollicitée directement à un moment donné, mais que l'administration ne l'a point accordée, que si l'administration n'a pas immédiatement dénoncé à l'autorité judiciaire l'existence de l'Association internationale, et si elle a cru devoir se contenter de la surveiller, ce fait ne peut être l'équivalent d'une autorisation qui, d'après l'esprit et le texte de la loi, doit être formelle,

« Que l'administration a eu le devoir de déférer l'Association internationale à l'autorité judiciaire, quand elle a eu la conviction que cette Association offrait un danger permanent pour la sécurité publique,

« Que ce danger s'est manifesté par les menées des membres de l'Association, par les principes subversifs qu'ils ont hautement proclamés sur la religion, la propriété, le capital, les relations entre les ouvriers et les patrons, et que le danger était encore accru par la puissance de l'organisation de l'Association et l'étendue de son action,

« Adoptant, au surplus, les motifs qui ont déterminé les premiers juges,

« Considérant ainsi qu'il est prouvé que, depuis moins de trois ans, à partir du premier acte de poursuite à Paris, Héligon, Murat, Fournaise, Dauthier, Gérardin, Guiard, Perrachon, Delorme, Tolain, Camélinat, Gauthier, Bellamy, Bastien, Delahaye, ont fait partie d'une Association de plus de vingt personnes, sans avoir obtenu l'agrément du gouvernement,

« Délit prévu par les articles 291, 292 du code pénal, 1 et 2 de la loi du 10 avril 1834,

« Met l'appellation au néant,

« Ordonne que le jugement dont est appel sortira son plein et entier effet,

« Condamne les appelants solidairement aux dépens »

PIÈCES ADDITIONNELLES

(EXTRAITS DES JOURNAUX)

Aux membres du Conseil de la Ligue pour la défense de la liberté individuelle

2 mai 1868

Monsieur,

La cour impériale (chambre des appels de police correctionnelle) vient de rendre son arrêt dans l'affaire de l'Association internationale des travailleurs

Nous sommes condamnés

Pourtant nos conclusions s'appuient sur un arrêt de la cour de cassation Si on allait devant elle, on pourrait donc espérer qu'elle n'admettrait pas la jurisprudence de la cour de Paris

La question de l'autorisation *tacite* soulevée par le procès de l'Association internationale intéresse à un haut degré tous les travailleurs Si l'on considère en effet le grand nombre de Sociétés de diverse nature (chambres syndicales, crédit, solidarité, résistance), qui sont dans une situation analogue à celle de l'Association, et n'ont d'autre garantie contre des poursuites que la notoriété publique, on se rend compte de l'importance capitale que prendrait un arrêt favorable de la cour de cassation

Si nos ressources nous l'avaient permis, nous n'aurions pas hésité un seul instant a faire fixer la jurisprudence sur ce point Mais dans l'impossibilité où nous nous trouvons d'agir nous-mêmes, et considérant de plus qu'il y a au fond un intérêt géneral a tous les citoyens, car personnellement nous ne sommes condamnés qu'a une peine légere, nous avons pensé a faire appel à la Ligue pour la défense de la liberte individuelle

Ignorant au juste qui nous devons, en cette circonstance, saisir de notre demande, nous avons cru convenable de soumettre le cas à tous les membres du conseil judiciaire de la Ligue Nous leur adressons donc la même lettre en même temps qu'au journal le *Courrier français*

Recevez, monsieur, l'assurance de notre considération distinguée

La commission parisienne de l'Association internationale,

HÉLIGON, A MURAT, J FOURNAISE fils, J Dauthier, E GÉRARDIN, V Guiard, J PERRACHON, DELORME, TOLAIN, CAMELINAT, L GAUTHIER, BELLAMY, BASTIEN, DELAHAYE

(*Courrier français*)

---

4 mai

Les ouvriers prévenus d'association illégale pour avoir fait partie de l'*Association internationale des travailleurs* se sont pourvus samedi en cassation contre l'arrêt de la cour impériale qui confirmait le jugement les condamnant à 100 fr d'amende

(*Courrier français*)

Au redacteur du COURRIER FRANÇAIS

Paris 1er mai

Monsieur le rédacteur,

Dans l'affaire de l'Association internationale vous avez relevé, avec beaucoup de raison, la contradiction flagrante qui se remarque entre les affirmations réitérees des prévenus et le considerant de l'arrêt relatif à l'autorisation

Déjà, à ce sujet, nous avions adresse la lettre suivante au journal l'*Avenir national*, qui a bien voulu la publier dans son numéro d'hier soir

Paris, 30 avril

Soyez assez bon de vouloir bien rectifier une erreur involontairement commise par vous au détriment de notre dignité Vous dites dans les quelques lignes de réflexion que vous suggere la condamnation qui nous atteint en particulier, mais qui au fond atteint tous les ouvriers; vous répétez tout naturellement, d'après un des considérants que nous avons *demandé l'autorisation*, nous l'avons si peu demandee que tout au long de notre défense nous protestons énergiquement contre cette subordination, qui pour nous, à tort ou à raison, nous parait une humiliation, une déchéance morale

Nous avons seulement rempli le devoir que tout citoyen doit remplir, celui d'*avertir* ses concitoyens, dans la personne des autorités préposées à cet effet, de ce que nous faisions, mais jamais nous n avons *sollicité une autorisation*, c'est même pour cette raison que nous formons un pourvoi en cassation

Agréez, etc

Au nom et par délégation de nos collègues,

A Camelinat, A Murat, P Gauthier

Nous ajoutons que non-seulement on ne fournira pas de demande écrite, mais encore, et cela nous l'affirmons de la manière la plus formelle, jamais à aucune époque, pres de qui que ce soit, verbalement ou de toute autre manière, *directe ou indirecte*, nous n'avons essayé d'obtenir l'autorisation

Aussi, lorsque M l'avocat impérial a laissé entendre que cette demande avait été faite, des dénégations unanimes partant des bancs des prévenus ont-elles interrompu son discours

M l'avocat impérial a réclamé alors pour lui le même respect qu'il avait apporté à écouter la défense, et le président, M Saillard, a dit

« N'ayez crainte, monsieur l'avocat impérial, nous saurons vous faire respecter, pas un ne vous manquera de respect »

N'ayant pas prévu le considérant de l'arrêt, nous avions négligé cet incident de l audience, mais nous vous en garantissons l'exactitude complete

Inutile d ajouter, n'est ce pas, que nous n'avions d'autre but que de rétablir la vérité, et nous devons croire que ce n'est pas là un manque de respect à la magistrature

Agréez, etc.

Au nom et par délegation de nos collègues,

A. Camélinat, A Murat, P Gauthier

ARRÊT DE LA COUR DE CASSATION

CHAMBRE CRIMINELLE

(12 NOVEMBRE 1868)

« La cour,

« Oui M le conseiller de Gaujal en son rapport, M H Duboy dans ses observations pour les demandeurs en cassation, et M l'avocat général Bédarrides en ses conclusions,

« En ce qui touche les conclusions prises au nom de Chemalé,

« Attendu que Chemalé n'a pas entendu se pourvoir en cassation contre l'arrêt de la cour impériale de Paris du 29 avril 1868, et que lesdites conclusions, qui n'ont rapport qu'à cet arrêt, doivent être considérées comme non avenues,

« En ce qui touche Murat et autres demandeurs en cassation,

« Attendu qu'aux termes des articles 291 et 292 du code pénal, 1 et 2 de la loi du 10 avril 1834, nulle association de plus de vingt personnes, dont le but sera de se réunir tous les jours ou à des jours marqués pour s'occuper d'objets religieux, littéraires, politiques ou autres et alors même que ces associations seraient partagées en sections d'un nombre moindre et qu'elles ne se réuniraient pas tous les jours ou à des jours marqués, ne pourra se former qu'avec l'agrément du gouvernement et son autorisation,

« Attendu que l'arrêt attaqué constate en fait que l'Association internationale des travailleurs, dont l'objet avoué était de procurer un point central de communication et de coopération entre les ouvriers des différents pays aspirant au même but, savoir le concours mutuel, le progres et le complet affranchissement de la classe ouvriere, s'est constitué a Paris depuis moins de trois ans, que les adhérents, qui se réunissaient à des jours marqués et dont le nombre a dépassé 1,200 à une certaine époque, étaient encore plus de 700 au moment des poursuites, qu'elle était en correspondance avec les bureaux des principales villes de France et de l'étranger et qu'elle a soutenu de ces conseils et de ces secours d'argent les grèves des ouvriers bronziers, des ouvriers tailleurs et des ouvriers de Roubaix,

« Attendu que l'arrêt attaqué constate, il est vrai, que l'autorisation a été demandée, mais qu'il constate en même temps qu'elle n'a pas été accordée, et que si l'administration n'a pas immédiatement dénoncé à la justice l'Association internationale des travailleurs et s'est bornée d'abord à la surveiller, il est venu un moment où les menées de celle-ci et les doctrines subversives par elle proclamées, manifestant l'existence d'un péril social, déterminèrent la poursuite,

« Attendu qu'il résulte de cet état de faits, souverainement constaté, qu'à aucune époque l'Association internationale des travailleurs n'a eu d'existence licite,

« D'où il suit qu'en faisant aux demandeurs application des articles 291 et 292 du code pénal, 1 et 2 de la loi du 10 avril 1834, l'arrêt attaqué, loin d'avoir violé lesdits articles en a fait, au contraire, une exacte et saine interprétation,

« Par ces motifs

« Dit n'y avoir lieu de statuer sur les conclusions prises au nom de Chemalé,

« En ce qui touche Murat et consorts,

« Rejette leur pourvoi et les condamne aux dépens envers le trésor public »

PROCÈS

DE LA

DEUXIÈME COMMISSION

DU BUREAU DE PARIS

TRIBUNAL CORRECTIONNEL DE PARIS

SIXIEME CHAMBRE

PRÉSIDENCE DE M. DELESVAUX

AUDIENCE DU 22 MAI 1868

Neuf prévenus sont cités

VARLIN (Louis-Eugène), relieur,
MALON (Benoît), teinturier,
HUMBERT (Jean-Baptiste), tailleur de cristaux,
GRANJON (Léopold-Auguste), brossier,
BOURDON (Antoine-Marie), graveur sur métaux,
CHARBONNEAU (Pierre), menuisier en meubles sculptes,
COMBAULT (Amedée-Benjamin-Alexandre) bijoutier,
LANDRIN (Emile), ciseleur,
MOLLIN (Gabriel), doreur sur métaux

Tous sont prevenus d'avoir, depuis moins de trois ans, à Paris, fait partie d une association non autorisee de plus de vingt personnes

Delit prevu et puni par les articles 291 du code penal, 1 et 2 de la loi du 10 avril 1834

Le sieur Chemalé, l'un des membres de la première commission, condamne par defaut par le jugement du 20 mars, cite a cette audience pour soutenir l'opposition par lui formee a ce jugement, fait remettre au tribunal, par le ministère de Me Rousselle, un certificat de medecin constatant qu'il est dans l'impossibilite de se rendre a l'audience

Le tribunal, a la demande de Me Rousselle, a renvoye l affaire de M Chemale à quinzaine

Les autres prevenus repondent tous a l'appel de leurs noms, a l exception de Mollin, contre lequel il est donne defaut

M LE PRESIDENT — Vous savez que vous etes tous cites devant le tribunal sous la prevention d'avoir fait partie d'une association non autorisee de plus de vingt personnes, nous allons entendre successivement vos explications Prevenu Varlin, nous commençons par vous

Vous etes un des membres de la nouvelle commission, et, de plus, l'un des trois correspondants du bureau?

VARLIN — Oui, monsieur.

M. LE PRESIDENT — Cette nouvelle commission a éte formee avant le jugement rendu par le tribunal contre les membres de la première?

VARLIN Oui

M LE PRESIDENT — A-t-lle fonctionné après le jugement?

VARLIN, — Naturellement.

M LE PRESIDENT — Et aussi après l'arrêt confirmatif de la cour?

VARLIN. — Oui.

M. LE PRESIDENT — Cette commission nouvelle, dont vous faites partie, a eté nommée à l'election, par les membres de l'Association internationale?

VARLIN — Cela ne pouvait se faire autrement

M. LE PRESIDENT — Cette seconde Societe dont vous étiez, vous et vos coprévenus, les commissaires, autrement dire les directeurs, a-t-elle éte autorisee par l'administration?

VARLIN — Ce n'etait pas une seconde Societé, c'était toujours la même qui avait été tolérée, nous ne faisions qu'essayer de la continuer

M. LE PRESIDENT — Cette seconde Sociéte a fonctionné, d'abord par la nomination des membres de la commission, ensuite par le changement du local où siégeait le bureau Ce bureau était primitivement rue des Gravilliers, pourquoi l'a-t-on transporté rue Chapon?

VARLIN. — Dans le cours du premier procès, ne sachant ce qui pourrait advenir, nous avions donne congé du local de la rue des Gravilliers, quand nous avons voulu le reprendre, il était loué, nous avons donc ete obliges de chercher ailleurs, et nous avons loué rue Chapon

M. LE PRESIDENT — Dans l'instruction, vous n'avez pas tous donné le même motif pour expliquer la continuation de l'Association Les uns ont dit qu'ils ne voulaient que procéder a la liquidation, pour sauvegarder les interêts materiels, les autres ont été plus loin, ils ont dit que leur pensee était de poursuivre le but moral de l'Association, c'est-a-dire l'œuvre sociale Pour vous, en particulier, quel a été votre motif?

VARLIN — Pour moi, j'etais décidé à poursuivre l'œuvre de l'Association internationale, et je m'y croyais autorisé, car la première poursuite n'était pas dirigée contre l'Internationale, mais bien contre les membres du bureau de Paris.

M. LE PRÉSIDENT — Vous avez agi très-activement dans la grève de Genève, comme membre de la commission?

VARLIN — Je le reconnais, j'ai fait ce que j'ai pu pour nos amis de Genève

M LE PRÉSIDENT — Vous avez reçu, dans le bureau de la rue Chapon, des cotisations pour soutenir la grève de Genève

VARLIN — On a toujours reçu des cotisations dans le bureau

M. LE PRÉSIDENT — Combien avez-vous reçu pour la grève? — Vous le savez?

VARLIN — Sans doute, mais le chiffre me paraît assez indifférent

M LE PRÉSIDENT — Dites-le, cependant?

VARLIN — J'ai reçu dix mille et quelques cents francs.

LE PRÉVENU MALON, interpellé par M le président, répond qu'il accepte pour son compte toutes les réponses faites par son coprévenu Varlin Il ajoute qu'ils se sont crus autorisés à continuer la Société jusqu'à la décision de la cour suprême

M LE PRÉSIDENT — Mais, en l'attendant, il ne fallait pas continuer le délit déjà réprimé par un jugement et un arrêt

MALON — En cas d'acquittement à la cour, nous devions empêcher la Société de se dissoudre, nous voulions sauvegarder l'œuvre sociale.

M LE PRÉSIDENT — Prévenu Humbert, vous avez fait des souscriptions pour les ouvriers de Genève?

HUMBERT. — Oui, Monsieur le président, et je crois

n'avoir fait que mon devoir, car, en Suisse, les ouvriers sont des hommes comme en France.

LE PRÉVENU CHARBONNEAU déclare avoir continué l'œuvre de la première commission parce qu'elle était dans la justice.

M. LE PRÉSIDENT. — Prévenu Combault, quelles sont les raisons qui vous ont fait accepter d'être membre de la commission?

COMBAULT. — J'ai cru qu'il était de mon devoir de me présenter candidat à l'appel de la précédente pour accepter ma part de responsabilité. Je ne croyais pas que le tribunal aurait condamné l'Association; mais, dans tous les cas, je voulais affirmer une fois de plus le droit que nous avons de nous occuper des affaires qui nous sont propres.

M. LE PRÉSIDENT. — Alors, c'est la lutte contre la justice.

Les réponses des autres prévenus sont toutes formulées à peu près dans les mêmes termes. Tous déclarent qu'ils se sont cru le droit d'empêcher de se dissoudre une œuvre qu'ils estiment être utile à tous les travailleurs.

Les interrogatoires terminés, la parole est donnée au ministère public.

M. L'AVOCAT IMPÉRIAL LEPELLETIER s'exprime ainsi :

Messieurs, lorsque, il y a deux mois à peine, je vous demandais contre les membres du groupe parisien de l'Association internationale des travailleurs un jugement qui déclarât que cette Association était de celles que la loi interdit, les prévenus répondaient à mes réquisitions par une objection et par un reproche. Le gouvernement, disaient-ils, nous tolère depuis trois ans, il nous connaît, il a lu nos Statuts, il a su nos actes, sa tolérance est une autorisation implicite qui nous couvre et nous absout J'avais dit, et votre jugement l'a dit après moi, comme la cour l'a dit après vous, que si le gouvernement avait toléré une Société cherchant dans l'association, dans la coopération et dans la solidarité des travailleurs la solution de problemes économiques, il n'avait jamais tolére une Association qui, agitant les questions politiques, faisant appel aux passions les plus ardentes, ralliant a des doctrines hostiles et funestes des forces considerables, en France, en Europe, et bientôt dans le monde entier, voulait devenir un Etat dans l'Etat et créait ainsi pour le gouvernement et pour la société un danger permanent et organisé

Les prévenus ajoutaient « Il fallait alors nous avertir, et sans provoquer contre nous des poursuites judiciaires, l'autorité administrative pouvait et devait nous mettre en demeure » Je répondais à ce reproche qu'en le faisant les prévenus oubliaient eux-memes que leur conduite le rendait aussi mal fondé qu'injuste, et je vous apprenais, messieurs, qu'au moment même ou la poursuite leur donnait l'avertissement le plus solennel, ils protestaient, eux qui voulaient faire croire qu'ils auraient obéi à des sommations administratives, contre les sommations de la loi, et que, sans même attendre votre décision, l'Association internationale, affirmant son existence au moment même ou la justice lui en demandait compte, remplaçait par de nouveaux commissaires ceux qui étaient traduits devant vous Puis, votre jugement est intervenu, et apres votre jugement l'arret de la cour Est-ce que l'Association s'est dissoute? est-ce que la commission s'est retirée? Non, elle a continué de vivre, d'agir, méconnaissant, je ne veux pas dire bravant, l'autorité de la loi et le respect qui lui est dû

Voila pourquoi, messieurs, une nouvelle poursuite a été intentée et pourquoi je viens aujourd'hui vous demander contre les membres de la nouvelle commission une nouvelle application de la loi qui prohibe et punit les associations non autorisées

Cette fois, messieurs, ma tâche est simple et facile Le fait? il est public, notoire, avoué d'ailleurs, Le 8 mars, les neuf prévenus ont été nommés membres de la commission du groupe parisien de l'Internationale, ils sont donc, au premier chef, membres de l'Association Le droit? je n'ai plus a le discuter, votre jugement l'a proclamé et sur l'appel des condamnés la cour impériale a confirmé votre décision La question que vous avez résolue n'est donc plus a résoudre, et si je vous rappelle les principes, messieurs, c'est moins pour porter dans vos esprits une conviction qui n'a plus à s'imposer que pour obéir au devoir qui, en présence de nouveaux prévenus, me crée une obligation nouvelle

M l'avocat impérial rappelle au tribunal les éléments qui caractérisent le délit d'association non autorisée, il les trouve dans les faits de la cause que les prévenus d'ailleurs ne cherchent pas à contester M l'avocat impérial continue ainsi

Je n'ai pas à me préoccuper davantage de ces considérations dans lesquelles, à la premiere poursuite, les prévenus puisaient le reproche et l'objection que je retraçais tout à l'heure Il ne peut plus être question de la tolérance du gouvernement pour la commission nouvelle, et il est bien certain, cette fois, qu'elle était retirée quand les élections ont eu lieu Et quel avertissement plus énergique, quelle mise en demeure plus formelle, pouvaient être adressés, que la poursuite et que la décision de la justice? On ne peut donc, cette fois, faire illusion à personne, il n'y a plus a parler d'erreur ni de surprise, et si jamais l'Association internationale avait espéré se poser en victime elle a pris soin elle-même de détromper l'opinion Elle veut, elle l'a dit, ou tout au moins, elle le prouve entrer en lutte ouverte avec la loi

Cependant, messieurs, à la prévention nouvelle, les prévenus opposent un systeme de défense que je dois examiner Si nous avons, disent-ils, élu une nouvelle commission, au cours du nouveau procès, c'est que, dans notre pensée, une condamnation était impossible, et que, les commissaires en fonctions se trouvant distraits de leurs devoirs par la préoccupation et le soin de leur défense, il fallait pour maintenir notre organisation et gérer les affaires de l'Association, qu'une commission nouvelle prît leur place, afin de nous retrouver vivants et intacts le jour où notre droit aurait été reconnu.

Ce n'est pas pour en discuter la valeur juridique devant les magistrats que je reproduits ce système ; à ce point de vue je vous le livre, et je l'ai à peine indiqué que vous en avez fait justice. Mais je veux l'examiner en fait, contrôler sa valeur morale, et rechercher s'il a pour lui-même une ombre de vérité.

Que les prévenus, comptant sur un acquittement, aient voulu, pendant le procès, maintenir la caisse, les Statuts et les Règlements de l'Association, qu'ils aient institué une commission pour, à défaut de l'ancienne, recueillir les cotisations, recevoir les nouveaux adhérents, payer les dettes, tenir les registres, continuer de vivre enfin, soit ! je l'admets, et ne cherche à sonder ni leurs secrets ni leurs espérances.

Mais si, comme ils l'affirment, ils n'avaient pour but que d'assurer leur existence pendant les poursuites, la nouvelle commission n'avait à faire que les actes d'administration dont je viens d'énumérer les principaux. S'est-elle bornée là ? Vous allez en juger.

Les poursuites opérées contre la section parisienne avaient ouvert les yeux à bon nombre de ses membres ; ils avaient bien compris, pour la plupart, qu'elles étaient légitimes, et que la prévention, s'appuyant sur la loi, qu'ils avaient méconnue, serait facilement justifiée. Ils sentaient surtout que concourir, après la poursuite commencée, aux actes de l'Association, c'était violer ouvertement la loi, c'était s'exposer, sans espoir possible, aux responsabilités qu'elle édicte. Aussi, lorsque, le 8 mars, les associés procèdent à l'élection des neuf nouveaux commissaires, sur huit cents membres que compte le bureau de Paris, à peine cent prennent part au scrutin.

En effet, le procès-verbal du vote nous apprend que celui des élus qui a recueilli le plus de voix en a obtenu quatre-vingt-une. Si de ce nombre on retranche les quinze commissaires démissionnaires et les neuf nouvellement nommés, on trouve moins de covotants étrangers à la commission C'est là, messieurs, un fait important et que j'ai tenu à vous signaler par un double motif. d'abord pour rendre hommage au bon esprit de ceux qui, par leur abstention, ont témoigné le respect qu'ils gardent à la loi, et ensuite pour montrer que le mandat de la commission nouvelle lui a été confié par une minorité qui, par le nombre, n'est pas de celles qu'on appelle si volontiers imposantes

Le chiffre des versements opérés depuis la poursuite offre le même enseignement, et sur les notes ou, chaque soir, on consignait les sommes reçues, nous lisons le plus souvent néant, quelquefois 1 franc ou 1 fr 50, rarement 2 francs

Enfin, cette préoccupation et cette intelligence de la situation se révèlent plus nettement encore dans la lettre suivante, adressée à Chemalé, quelques jours après votre jugement

Paris, le 25 mars 1868.

« Monsieur Chemalé,

« Ce que nous avons à vous dire est un peu difficile à avouer, néanmoins nous préférons vous le dire carrément que de prendre un biais, nous savons qu'il doit y avoir réunion jeudi 26 mars, et nous n'y prendrons pas part

« Cependant nous ne voulons pas que l'absence de plusieurs adhérents à l'Internationale, soit interprétée d'une façon plutôt que d'une autre, en conséquence, voici les motifs qui nous forcent à rester neutres,

« Si vous avez bien compris ce qui reste à faire en nous réunissant, c'est une protestation au jugement rendu le 20 mars, protestation qui n'aura pas toute l'efficacité que la Commission en attend

« Voici probablement ce qui en résultera ou vous serez seul, ou vous n'aurez avec vous qu'une fraction, qui partagera votre sort, car, alors, vous vous mettrez tout à fait en opposition avec la nouvelle loi sur les réunions, et ici ce ne sera plus une simple amende, mais une peine correctionnelle qui pourra s'étendre en raison du jugement rendu et de la nouvelle loi

« Voilà les motifs qui nous arrêtent En cherchant bien, il y a bien encore autre chose, nous n'avons pas les moyens de passer six mois en prison, parce qu'il faut que nos enfants vivent en notre absence Comme vous voyez, et nous sommes francs, ce n'est pas tant la privation de la liberté que le besoin de travail qui nous arrête et nous force à rester chez nous Au surplus, nous croyons avoir fait notre devoir d'honnêtes gens et de sociétaires devoués, en signant la protestation du 6 mars contre la poursuite dirigée contre la Commission, protestation qui nous compromettrait presque autant que la Commission elle-même

« Quand a on vu 1848 et ses représailles, puis 1852, on a moins d'illusions !!!

« L'Internationale est dissoute, et bien dissoute, pour quant a présent, en attendant d'autres circonstances plus favorables ou d'autres Sociétés qui puissent continuer

« Un dernier mot pour terminer ne croyez pas que ce soit indifférence ou couardise, c'est la raison qui parle et le besoin de vivre de son travail Agréez nos remerciments pour le zele et l'intelligence dont vous avez fait preuve comme membre de notre commission

« *Signé* MATHON, *graveur*,

rue Sainte Croix de la Bretonnerie 16 »

« *P S* — Cette lettre appartient également à la Commission, à laquelle nous adressons, avec nos remerciments, nos regrets bien sinceres Néanmoins nous croyons qu'il ne serait peut être pas bon de décourager qui que ce soit elle sera personnelle si vous le jugez convenable »

Voilà donc, messieurs, la question bien posée et la situation bien comprise par les ouvriers eux-mêmes, et vous voyez que je ne me trompe pas Ce que veulent les chefs de l'Association, ce qu'ils demandent à ses membres, c'est une protestation contre le jugement du 20 mars, ce qui, pour les ouvriers eux-mêmes est dès maintenant certain, c'est que l'Association est dissoute et « bien dissoute, » et son existence est plus que jamais une révolte contre la loi

Elle est, cependant, et elle agit

Chemalé, Tolain, Murat, les plus actifs, les plus intelligents, les plus ardents de l'ancienne commission, sont condamnés, ils s effacent, on les reconnaît bien, mais on ne les voit pas à leur place L'Association a choisi parmi ses membres ceux que leur aptitude, leur dévouement, leur notoriété signalent le plus c'est Malon, c'est Humbert, c est surtout Varlin

L occasion est bonne, d ailleurs, et se présente d'elle-même à leur activité

Les ouvriers du bâtiment sont en greve à Geneve A peine la greve est-elle declarée, que l'Association internationale l'organise, la dirige et, dès le 26 mars, le comité central genevois écrit a Varlin

« Monsieur Varlin,

« Les ouvriers du bâtiment ayant demandé une augmentation de salaire a leurs patrons, ces derniers n'ayant pas adhéré à cette demande, se sont coalisés et ont déclaré la grève dans toutes les corporations, quoique ce ne soit pas le désir des ouvriers, qui auraient préféré pouvoir s'entendre à l'amiable

« Nous voici en face de trois mille ouvriers sans ouvrage, dont le crime le plus grand, aux yeux de ces messieurs, est de faire partie de l'Association internationale, qu'ils ont juré de faire tomber, étant une societé étrangère recevant des ordres de Londres, Paris, Bruxelles, et déclarant qu'ils feront tout leur possible pour empecher la solidarité entre ouvriers La question est des plus graves il s'agit du triomphe de l'Association dans notre pays ou de sa perte C'est pourquoi le comite central fait un appel pressant au Conseil général de Londres, d'aviser toutes les sections d'Angleterre, de France, de Belgique et d'Allemagne, pour venir en aide a leurs frères de Genève D'une action prompte et decisive, dépend le succes de la cause Dans quelques jours, nouvelles lettres et plus de détails à vous donner, nous comptons sur une réponse immédiate, afin que nous sachions à quoi nous en tenir.

« Au nom du comité central,

« *Un des Secrétaires*,

« *Signé* Jules PAILLARD. »

Il y a en Suisse un homme dont le nom reparaît dans toutes les agitations politiques et sociales, et a retenti plus d'une fois ici même. C'est Dupleix. Il est l'infatigable apotre de l'Association, et le 30 mars il écrit ce qui suit à Varlin :

« Mon cher Varlin,

« La grève continue avec plus de force que nous ne supposions. Aujourd'hui lundi les patrons ont fermé tous les ateliers, les travaux sont donc complétement arrêtés dans le pays, tout ce qui concerne le bâtiment ne travaille pas.

« La situation est des plus graves, c'est la guerre du capital contre le travail, à cause de l'Association internationale que ces messieurs veulent détruire, parce qu'ils ne veulent pas que l'ouvrier s'associe. Mais les ouvriers tiennent ferme, et loin de s'intimider des menaces des patrons, les rangs de l'Internationale grossissent chaque jour. Aussi tout me fait espérer que nous sortirons vainqueurs, mais pour cela il nous faut l'appui de nos frères de Paris et autres lieux, car c'est la cause de tous qui est en jeu ici. Il faut que partout l'on connaisse la conduite des ouvriers de Genève. Faites donc tout ce qu'il vous sera possible pour nous venir en aide, si nous ne sommes pas soutenus, vous devez comprendre qu'il nous faudra succomber. Ne perdez donc pas de temps, agissez auprès des sociétés et tâchez de faire un appel par la voix de la presse, tâchez de voir les Sociétés d'ouvriers en bâtiment. A bientôt d'autres nouvelles. — Réponse au plus vite. — Tout à vous.

« DUPLEIX. »

Cette lettre se croise avec une demande de renseignements sur la grève, demande formée par le bureau de Paris, à la suite de la lettre du 26 mars. Immédiatement après, Dupleix écrit, à la date du 31 mars :

« Mon cher Varlin,

« Nous avons reçu votre dépêche de ce jour par laquelle vous nous demandez des renseignements sur la greve des ouvriers en bâtiment Nous vous envoyons ci-joint deux exemplaires du rapport envoyé par les ouvriers aux patrons . .

« Quel est votre devoir devant de semblables faits, en présence de ces actes barbares qui temoignent une fois de plus de la nécessité, pour les ouvriers, de s'associer pour défendre plus sûrement leurs droits injustement violés? Nous devons combattre énergiquement les empiétements toujours désastreux et toujours croissants du capital contre le travailleur qui l'a produit, et pour cela mettre en pratique les grands principes qui doivent régénérer le monde *justice. solidarite, cooperation*! En conséquence, veuillez donc prévenir tous les membres de votre section, et en général tous les ouvriers, de ne pas se rendre à Geneve dans le cas ou les patrons de cette ville leur en feraient la demande car, alors, se laissant prendre a de fallacieuses promesses, que ces messieurs n'auraient garde de tenir aux ouvriers, non-seulement ils seraient mal reçus de leurs confrères, dont ils viendraient compromettre les intérêts propres, mais ils compromettraient encore la revendication générale des justes droits de la classe ouvriere Ainsi, monsieur le président, rappelez a tous vos sociétaires que c'est par la concorde et la solidarité qui nous unissent que nous arriverons à notre complète émancipation

« Nous espérons, en cette circonstance, que vous nous apporterez, comme par le passé, votre bienveillant concours moral et matériel, ce dernier surtout, car il nous est impossible de réussir sans votre concours financier

« Au nom du comité central de Geneve

« DUPLEIX »

Le 1er avril une nouvelle lettre de Dupleix à Varlin lui rend compte des pourparlers échangés entre les ouvriers et les patrons Il s'indigne contre les patrons qui ne veulent pas traiter avec l'Association internationale, contre la *presse aristocratique*, qui voit dans l'Association une intervention étrangère, recevant de l'argent de l'étranger, contre ces messieurs de « l'aristocratie, qui est passablement forte ici et plus laide encore qu'en France, ce qui n'est pas peu dire. » Il finit enfin, comme toujours, par un appel à la section française pour encourager la résistance des ouvriers et amener le triomphe de l'Internationale.

Le bureau de Paris n'est pas resté sourd à cet appel Le 5 avril, Varlin, au nom de la commission parisienne, publie dans l'*Opinion nationale* qu'une souscription est ouverte pour soutenir la grève de Genève, aux bureaux de l'Association Il fait imprimer un appel aux ouvriers de toutes les professions, des listes circulent partout, et en quinze jours, messieurs, les ouvriers de Paris, non pas seulement ceux du bâtiment, mais les lithographes, les imprimeurs, les ferblantiers, remettent à la commission parisienne des sommes qui ne s'élèvent pas à moins de plus de 10,000 francs

Voici en effet les reçus qui prouvent que les typographes ont envoyé 2,000 francs, les lithographes 500 francs, les ferblantiers 1,000 francs, les ébénistes 50 francs Voici un reçu de 250 francs, produit de diverses souscriptions recueillies par Varlin, voici encore des lettres qui montrent le concours promis à Varlin par les orfevres, les sculpteurs sur pierre, les tailleurs sur cristaux

Vous le voyez donc, messieurs, le bureau de Paris avait agi énergiquement, efficacement pour soutenir la grève de Genève Il s'agissait, pour l'Association internationale, de montrer sa puissance et sa force, et la manifestation, dont la grève était l occasion, a fourni une nouvelle preuve de ce que je vous disais le 20 mars, c'est que la section parisienne était véritablement, par l'activité de ses membres, par l'importance des ressources dont elle dispose, la tête et le cœur de l'Association

Le comité de Genève avait envoyé un délégué à Paris et à Londres, et tandis que la grève réunissait à Paris ces secours considérables qu'attestent les lettres de M. Mermilliod, le président du comité genevois, ce délégué revenait de Londres découragé, n'ayant reçu que des promesses, d'où il écrivait à Varlin, le 7 avril .

Londres, 7 avril 1868.

« Mon cher Varlin,

« Je vous trace ces quelques lignes à la hâte.

« Je dois vous avouer que mon voyage à Londres n'est pas ce que je m'attendais, et en effet ce que vous m'avez predit est en tous points l'exacte vérité Les sociétés anglaises sont de véritables forteresses, et je crains bien que nous n'arrivions pas a faire une somme assez forte pour venir en aide à mes compatriotes cette semaine. Sans doute, je suis le premier à le reconnaître, dans quelques semaines ces mêmes sociétés nous fourniraient des sommes supérieures à nos véritables besoins, mais, comme j'ai fait comprendre à plusieurs de ces messieurs, ce sont des secours immédiats qu'il nous faut Mais, que voulez-vous? les statuts leur défendent d'une manière positive, il faut s'y soumettre

« Cependant, je crois que les charpentiers, qui comptent dix mille membres, nous feront quelque chose Ce soir nous irons voir différentes autres sociétés pour savoir ce qu'elles pourront faire Si je vois que je ne puisse pas arriver à un résultat satisfaisant, je partirai demain, car il serait inutile que je restasse plus longtemps, d'ailleurs tous les comités ont éte avertis, ou le seront dans la journée, qu'un délégué de Geneve est à Londres au sujet de la greve

« Hier au soir, nous sommes allés auprès de la section française Ma foi, j'étais tellement ennuyé que je n ai pas pu leur cacher la moindre des choses sur la gravité de la position

« Je compte toujours sur vous ainsi que sur la classe travailleuse de Paris Je ne doute pas un seul instant de tous les efforts que vous ferez pour nous venir en aide

« J'ai été très-bien reçu par M Jung , c'est un citoyen bien dévoué

« Je vous quitte, mon cher Varlin, en vous recommandant encore un effort héroique pour nous venir en aide

« Tout a vous

« *Signé* GRAGLIA (François) »

Le 9 avril il lui écrivait encore

« Mon cher Varlin,

« Je viens de recevoir votre lettre qui m'a fait un sensible plaisir, car elle me fait constater une fois de plus que le sentiment de solidarité n'est pas un vain mot dans cette population travailleuse des enfants de Paris Ah! mon cher, si nous autres hommes de langue française nous avons la légèreté dans le caractère, nous ne pouvons cependant rester insensibles et froids devant une nécessité comme celle qui se présente dans ce moment-ci, tandis que Londres, cette ville immense, avec son million d'ouvriers, avec ses sociétés formidables, avec ses *trades-union*

« Eh bien, avec tout cela, tous ces avantages qui entre nos mains feraient des prodiges, elle laisse mourir une société qu'elle-même a enfantée, et cela par des règlements égoïstes, car, jusqu'à aujourd'hui, une somme de 500 francs seulement a été votée, les autres sociétés nous ont dit d'attendre

« Sans doute le remède viendra lorsque le malade aura cessé d'exister, mais aux yeux des Anglais, les reglements auront été scrupuleusement respectés, et cela leur suffit »

C'est déjà quelque chose que de respecter ses règlements, et ce n'est pas vous, messieurs, qui en blâmerez les ouvriers anglais

« Vous me dites de rester, mais que voulez-vous que je fasse ici? Je n'ai rien à y faire qu'à ramasser un noir affreux

« Si je demande Quand croyez-vous que nous pourrons recevoir des fonds? On me répond Peut-être dans trois semaines, peut être dans un mois Les insensés, ils ne comprennent pas que dans un mois nous n'aurons plus besoin de leurs secours car nous aurons vaincu sans eux, ou nous serons morts

« A un autre que vous, je ne tiendrais pas le même langage, mais assez là-dessus, car, comme vous dites, il faut du courage, d'ailleurs, je le crois, Paris fera beaucoup

« Tout à vous

« *Signé* GRAGLIA (François). »

Oui Paris a beaucoup fait Il a, le lendemain du jugement qui dissolvait l'Association, voulu prouver qu'elle y subsistait encore, qu'elle voulait s'y maintenir, et la grève de Genève lui a fourni l'occasion de s'affirmer jusqu'à la dernière heure, car le 19 avril, le *Courrier français* publiait cet avis de la Commission parisienne, sous la signature des trois prévenus, Malon, Varlin et Landrin

« La grève continue à Genève

« Les patrons et les ouvriers s'étaient accordés pour que les travaux fussent repris après Pâques, à raison de onze heures de travail pour la journée, avec le même salaire qu'auparavant Mais au moment de la rentrée dans les ateliers, la plupart des patrons ont refusé de recevoir les ouvriers qui avaient pris une part active à la grève Beaucoup d'entre eux ne veulent même plus entendre parler des concessions faites et veulent s'en tenir aux anciennes conditions

« En présence de cette situation, le concours des travailleurs devient plus urgent que jamais pour soutenir leurs frères de Genève dans leurs justes réclamations

« Les souscriptions sont reçues tous les soirs, de huit à dix heures, 19, rue Chapon, et tous les jours, chez M Varlin, 33, rue Dauphine.

« *Signé* MALON, VARLIN, LANDRIN »

Et le 21 avril, le président, M Mermilliod, remercie en ces termes Varlin, du concours et de l'appui que la Commission parisienne a fournis à la grève

« Citoyen Varlin,

« J'ai reçu vos honorées lettres des 18 et 19 courant, avec envoi de 1,600 francs Ci-joint les reçus, comme vous l'avez demandé.

« Nous vous remercions fraternellement du dévouement que vous montrez dans ces circonstances Remerciez de notre part les sociétés qui viennent à notre secours

« Nous prenons de bonne part les questions que vous nous faites, et c'est avec plaisir que nous y répondons, nous ne pouvons vous donner pour le moment tous les détails que vous désirez, mais sous peu de jours vous en recevrez »

Ce passage semble indiquer que le bureau de Paris avait le désir de savoir à quoi les fonds envoyés par lui étaient employés A-t-il eu satisfaction ? rien ne l'indique La lettre continue ainsi

« Nous avons eu, pendant la grève générale, deux mille cinq cents ouvriers à soutenir. Les premieres semaines, nous les avons soutenus autant que nous pouvions le faire, n'ayant pas à notre disposition beaucoup de fonds Cependant, les sections des autres industries ont fait tout ce qu'il était possible pour les appuyer vigoureusement Nous n'avons pas eu de défaillance parmi nos camarades, malgré la faiblesse de leurs ressources Chacun a fait son devoir avec dévouement Cette grève nous fait du bien au point de vue de la solidarité entre les ouvriers

« MERMILLIOD. »

N'avais-je pas raison de vous dire, messieurs, que ce n'était pas seulement pour maintenir pendant le proces l'organisation de la section parisienne, que la nouvelle Commission avait été élue ? Ne vous ai-je pas prouvé, par les extraits de la correspondance saisie, l'action puissante, énergique du bureau de Paris, dans cette agitation produite à Geneve par la greve, dans cette lutte, cette guerre du travail contre le capital, comme le dit Dupleix, c'est-à-dire de la cause contre l'effet, du travail contre le succes qu'il amène, de ceux qui travaillent contre ceux qui ont travaillé ?

La guerre ! ce mot, messieurs, est prononcé au nom de la fraternité, et pour ceux qui s'en disent les apôtres, caractérise tous les efforts, toutes les espérances de l'Association internationale Elle a eu en Suisse un organe spécial dans la presse, c'est le journal qui s'intitule la *Voix de l'Avenir*, journal de l'Association internationale des travailleurs de la Suisse

Lorsque la grève a éclaté à Genève, est-ce la conciliation, l'apaisement et la concorde, que cette voix de l'Association a prêchés ? Ecoutez, messieurs

« La bourgeoisie, dans ces derniers événements, a

creusé un fossé profond entre elle et nous, ce n'est pas nous qui le comblerons, nous acceptons les faits, nous avons reçu une leçon qui nous profitera pour l'avenir! N'oublions jamais le mal qu'elle a voulu nous faire, désormais faisons nos affaires sans elle et contre elle

« Ouvrier, sois enfin libre et indépendant de toute influence n'attends rien de la bourgeoisie, qui est incapable de comprendre tes besoins, l'avenir t'appartient!

« *Signé* LA RÉDACTION »

Je sais bien, messieurs, que ce ne sont ni les sentiments ni le langage des ouvriers français, et Dieu me garde d'en faire partager la responsabilité aux prévenus Mais ne comprenez-vous pas que lorsqu'une Association professe de pareilles doctrines, propage de telles excitations, lorsque le principe essentiel de cette Association est la solidarité de tous les membres, c'est plus qu'un droit, c'est un devoir pour un gouvernement gardien de la sécurité et protecteur des intérêts de tous, de ne pas la tolérer? Et lorsqu'aux décisions judiciaires qui, par leur modération même, ont été plutôt un avertissement qu'une peine, on répond par des protestations qui les bravent, notre devoir à nous, messieurs, c'est de répondre au délit qui s'obstine par l'affirmation du droit qui le maintient

M LE PRESIDENT donne la parole au prévenu Varlin, charge de présenter la defense generale.

VARLIN se lève et donne lecture des conclusions suivantes.

« Plaise au tribunal,

« Attendu que le principe de l'égalité devant la loi est le principe fondamental sur lequel doit reposer toute législation équitable,

« Que ce principe, proclamé par notre grande révolution, n'a cessé depuis d'être affirmé par tous les législateurs français,

« Que d'ailleurs il n'en saurait être autrement dans un pays démocratique dont l'ordre social repose sur le suffrage universel,

« Qu'en conséquence, une loi n'a de valeur qu'autant qu'elle est appliquée dans tous les cas et indistinctement à tous les citoyens,

« Qu'il n'en est point ainsi de la loi du 10 avril 1834, au nom de laquelle on nous poursuit aujourd'hui,

« Attendu que cette loi, repoussée par les mœurs publiques, est délaissée par l'administration elle-même, puisque aujourd'hui les nombreuses sociétés qui se forment de toutes parts se constituent sans autorisation préalable, et que, loin de les empêcher, l'administration les tolère généralement et semble même les encourager,

« Que le régime de la tolérance, introduit dans les usages administratifs, entraîne naturellement l'annulation de la loi exigeant l'autorisation, car, s'il en était autrement, cette loi ne serait plus, dans les mains du pouvoir, qu'une loi dont il frapperait partialement les sociétés et les citoyens, et constituerait la plus flagrante violation du principe fondamental de notre système législatif et de notre organisation politique, l'*égalité devant la loi*, à moins que la tolérance ne soit elle même considérée comme une autorisation tacite, dans ce cas, l'Association internationale, par la loi gue tolérance dont elle a profité depuis sa fondation, serait suffisamment autorisée,

« Par ces motifs, rejeter l'action du ministère public contre l'Association »

VARLIN développe ensuite ses conclusions en ces termes.

Messieurs,

Nous sommes prévenus d'avoir fait partie d'une association non autorisée de plus de vingt personnes Est-ce bien là le motif réel de la prévention? Nous ne le pensons pas, car s'il est vrai que l'égalité devant la loi existe en France, notre condamnation amène sur ces bancs toutes les sociétés tolérées et qui sont, comme on sait, d'un nombre considérable

Pour ne parler que de nous, si le motif de la poursuite est bien celui que la prévention indique, pourquoi ne nous a-t-on pas poursuivis dès le premier abord? Nous avions, il y a trois ans, violé la loi aussi bien qu'aujourd'hui Cependant admettons, pour un instant, avec le ministère public, que c'est bien la la nature du délit qui nous est imputé

Nous répondons

En principe, nous affirmons que les droits de réunion et d'association sont des droits naturels et primordiaux, que sous aucun prétexte on ne peut les interdire ni les restreindre, parce qu'on n'y peut toucher qu au détriment d'une classe, pour le profit de l'autre Dans l'etat présent, par exemple, les capitalistes jouissent en fait de ces mêmes droits, et les contester aux travailleurs c'est commettre un déni de justice

D'un autre côté, les lois restrictives de ces sortes de droits ne peuvent être et n'ont jamais été que des lois d'exception, et la loi de 1834, sur la violation de laquelle porte surtout la prévention, est en effet une loi d'exception Ici nous croyons devoir affirmer devant le tribunal que si nous n'avions que nos personnes a défendre, nous n'accepterions ni débat ni jugement, parce que nous ne pouvons nous défendre d'avoir exercé un droit qui est au-dessus de toutes les lois et de toutes les prescriptions La cause qui nous amene devant vous ne nous est pas personnelle C'est celle non-seulement de tous les membres de cette vaste Association internationale, dont nous sommes ici les mandataires, mais encore celle de tous les travailleurs français, groupés en sociétés de tous genres, toujours tolérées, jamais autorisées

Nous sommes donc en presence d'une loi que les mœurs de notre époque repoussent, que la révolution de février a implicitement abrogée, et que l administration elle-même a presque abandonnée et semble ne conserver que comme une arme dont elle se sert pour frapper partialement, selon les hommes et selon les idees N'est-ce pas là la constitution flagrante de l'inégalité devant la loi? En somme, cette loi est applicable ou elle ne l'est pas, si elle l'est, pourquoi ne l'applique-t-on pas indistinctement, et que signifient alors ces encouragements administratifs que l on a prodigués aux Sociétés ouvrières? Serait-ce que l'on aurait espéré de la coopération autre chose qu'une pacifique mais radicale revendication de la justice dans les rapports sociaux, tant moraux que matériels? ou serait ce un piége que l'on aurait tendu pour surprendre la bonne foi du travailleur? Nous aimons à croire le contraire.

Si la loi n'est pas applicable, pourquoi ne pas l'abroger purement et simplement, et pourquoi sommes nous ici?

Ne sont-ce que nos actes qui sont incriminés? Nous avons continué l'œuvre de l'Association, parce que, forts de notre droit, nous ne pouvions prévoir la décision de la justice. Nous devions sauvegarder les intérêts de l'Association. Si nous les avions laissés en souffrance, quelle réparation la justice nous aurait-elle offerte pour le préjudice matériel qu'aurait causé la prévention à l'Association internationale, dans le cas où nous eussions été acquittés?

M. l'avocat impérial a taxé de manque de convenance la nomination d'une commission nouvelle avant la décision du tribunal. Nous n'avons manqué ni d'égards ni de convenance envers la justice, car vous ne sauriez en manquer vous-même, et cependant vous n'avez pas attendu la décision de la cour de cassation, devant laquelle votre jugement est en ce moment déféré, pour organiser une nouvelle poursuite pour le même fait.

Avant de parler des actes de la nouvelle commission, nous allons retracer en quelques mots l'historique de l'Association internationale, afin de démontrer que nous n'avons pas dévié du but qu'elle se proposait de poursuivre.

Nos prédécesseurs vous l'ont déjà dit, l'origine de l'Association internationale remonte à l'année 1862, c'est-à-dire aux délégations ouvrières à l'Exposition de Londres. Mais son organisation telle qu'elle fonctionne actuellement ne date que du 28 septembre 1864.

Ce jour-là un grand meeting, provoqué par les ouvriers anglais pour recevoir une députation d'ouvriers de Paris apportant une réponse à l'adresse que les premiers leur avaient envoyée quelques mois auparavant, se tenait dans Saint-Martin's Hall, à Londres. Les diverses Sociétés d'étrangers résidant à Londres avaient envoyés des délégués à cette réunion

Les travailleurs français proposerent et le meeting adopta le projet d organisation d'une Association internationale de travailleurs devant établir un lien constant de solidarité entre les ouvriers de tous les pays

Le reglement provisoire qui a eté lu devant vous, et qui au congres de Geneve est devenu définitif, fut également approuvé dans cette assemblée

Ce règlement, traduit en plusieurs langues, amena bientôt de tous les pays de l'Europe, et même de l'Amerique, une foule d adhésions personnelles ou collectives

Le conseil général fut etabli à Londres

Il avait eté également convenu dans le projet qu un congrès aurait lieu chaque année — Le premier devait se tenir a Bruxelles en 1865

Les delégués français, de retour a Paris, communiquèrent au groupe qui les avait envoyés le projet dont nous venons de parler, et il fut convenu qu'on choisirait un local, afin d'ouvrir le plus promptement possible un bureau dans cette ville

Au mois de janvier 1865, les journaux publiaient le règlement provisoire de l'Association, et annonçaient qu'un bureau était ouvert, 44, rue des Gravilliers, pour y recevoir les adhésions et souscriptions

En même temps un exemplaire de ce Reglement et des Statuts généraux était déposé à la prefecture de police, et un autre au ministere de l'intérieur

L'année 1865 fut presque entierement consacrée a la propagande L'Association internationale avait a se faire connaitre Ses progrès furent lents tout d abord, néanmoins, après quelques mois d'existence, elle comptait a Paris un assez grand nombre d adhérents pour nous faire croire que l idee avait été comprise et qu'elle ferait son chemin

Une sous commission, composée d'ouvriers appartenant a diverses professions, se forma afin d aider les correspondants dans leur tâche, et afin surtout de préparer le congrès qui devait avoir lieu bientôt

Il était urgent, en effet, que la France, qui avait conçu l'Association, y fût dignement représentée

A cet effet un appel fut fait par les correspondants, assistés de cette sous-commission

Cependant le congrès de Bruxelles n'eut pas lieu comme on s'y attendait L'Association internationale devait se manifester pour la première fois publiquement par une protestation énergique contre les lois d'exception

Le gouvernement belge venant de rééditer sa loi sur les étrangers, l'Association déclara qu'elle ne se réunirait pas en congrès sur un sol qu'elle croyait libre quelques mois auparavant, affirmant ainsi bien haut, à la face de toute l'Europe, le droit absolu de réunion, comme elle avait affirmé en France, en se constituant, le droit naturel d'Association

Une conference, à laquelle les correspondants de tous les pays où se trouvaient établis des centres de communication furent convoqués, se tint à Londres au mois de septembre 1865

Dans cette conférence, le programme du congrès de Genève fut élaboré et ensuite porté à la connaissance de tous les adhérents par la voie des journaux

L'Association grandissait chaque jour, son succès était désormais assuré

Il résultait, en effet, des rapports lus par les secrétaires à cette conférence que des groupes nombreux venaient de se former en Allemagne, en Suisse, en Italie, en Danemark et en Belgique, et le secretaire, pour la France, annonçait que des bureaux étaient ouverts ou prêts à s'ouvrir à Lyon, Marseille, Rouen, Caen, Nantes, Lisieux, Elbeuf et Neufchâteau

Cette conference se termina par une fête qui célébrait l'anniversaire de la fondation de l'Association, et les délégués se séparèrent en se donnant rendez-vous à Genève, où devait se tenir le premier congrès

Dans le courant de l'année 1866, l'Association se manifesta encore d'une façon éclatante à propos des événements militaires dont l'Allemagne et l'Italie étaient le théâtre

Elle ne fit point de politique, mais elle affirma fermement les principes socialistes qui la dirigeaient

Elle opposa le droit au travail au droit des armes, elle mit l'alliance des prolétaires au-dessus des inimitiés des gouvernements

Et enfin, au mois de juin, elle opposait le programme économique du congrès de Genève aux élucubrations politiques des cabinets

Elle préparait le public, par des publications presque hebdomadaires, à la grande réunion qui devait établir d'une façon définitive l'Association internationale, jusqu'alors à l'état provisoire

Au mois de juillet suivant, elle donnait connaissance à ses adhérents, toujours par la voie des journaux, des efforts faits en province pour la constitution de nouveaux bureaux

Au mois de septembre 1866, le congrès de Genève eut lieu Dix-sept délégués français se rendirent à cette réunion, où le pacte fondamental fut discuté et voté

L'Association existait cette fois d'une façon définitive, elle entrait dans la voie pratique

Nous ne nous appesantirons pas sur les délibérations de ce congrès, fait en dehors de toute influence des partis

Les ouvriers prouvèrent qu'ils étaient capables de se conduire et d'opérer eux-mêmes leur émancipation

Le congrès montra que la question du travail était partout envisagée de la même façon, et que les travailleurs n'avaient qu'à unir leurs efforts pour atteindre le but qui est commun

Les délégués français avaient lu à Genève un mémoire qui ne put paraître en France, bien que les auteurs fussent disposés à en accepter la responsabilité devant les lois de leur pays

Cette interdiction ne put être levée, malgré les démarches qu'ils firent pour l'obtenir Le mémoire parut cependant en entier dans le *Courrier international*, ce qui prouve la contradiction qui existe entre les pouvoirs administratifs

A partir de cette époque, l'Association se développa rapidement En Angleterre surtout, où les institutions politiques forcent les ouvriers à fonder de vastes Associations, l'Internationale prit une extension considérable

Grâce à l'influence qu'elle acquit en s'occupant des grèves qui se succédèrent rapidement dans ce pays, elle devint la branche de salut pour les ouvriers exploités par un mercantilisme sans pareil

Le bureau de Paris apportait son appui moral à ces luttes en prévenant publiquement les ouvriers de toutes professions que telle grève avait lieu en Angleterre, et qu'il était digne à eux de ne pas aller faire une concurrence à leurs frères en travail

L'Association parvenait, en effet, à obliger les patrons à retirer leur ultimatum dans la grève des terrassiers, à Londres

En France, les ouvriers du bronze se mettaient en grève Les patrons, dans cette profession, voulaient forcer les ouvriers à détruire eux mêmes la Société de crédit et de solidarité qu'ils avaient fondée

Cette fois, la lutte était une lutte morale, on ne discutait plus le salaire, on voulait, par la faim, abolir un droit

L'Association ne faillit pas à son rôle, et c'est peut être là que son intervention fut des plus efficaces, car elle mit en pratique, pour la première fois, le principe de solidarité qu'elle a proclamé

Elle prouva, par cette grève, que l'antagonisme qui existait jadis entre les peuples était éteint à jamais, et c'est le peuple anglais, celui qu'on disait être notre plus grand ennemi, notre plus puissant rival, qui vint presque à lui seul en aide à la Société française du bronze

Plusieurs autres grèves eurent lieu à la même époque, soit en France, soit en Angleterre, et toutes, elles trouvaient un appui dans l'Internationale

Les mécaniciens de plusieurs chemins de fer, en Angleterre, les tailleurs, à Paris

L'Angleterre, l'Allemagne, la Suisse, la Belgique travaillaient avec ardeur à soutenir les efforts de tous les ouvriers qui réclamaient leur droit de vivre en défendant leur salaire menacé

Pendant ce temps, l'Association faisait connaître la situation malheureuse des ouvriers des mines de Fuveau, qui, eux aussi, demandaient qu'on n'aggravât pas leur sort, déjà si précaire et si dangereux

Bien que ces mineurs ne fissent pas partie de l'Association, les differents bureaux ne cruient pas moins accompli leur devoir en réclamant pour eux les droits d'homme et de citoyen, en vertu du paragraphe suivant des considérants

« Le Congres considère comme un devoir de reclamer les droits d'homme et de citoyen, non-seulement pour les membres de l'Association, mais encore pour quiconque accomplit ses devoirs *Pas de devoirs sans droits, pas de droits sans devoirs* »

Nos efforts ne furent pas perdus, car un bureau se fondait dans cette localité au mois d'août 1867

Dans l'intervalle de ces greves, les ouvriers de Berlin envoyaient à ceux de Paris un salut fraternel en faveur de la paix

Dans ce document, les Allemands, quoique placés sur un territoire beaucoup plus libre que le notre, abandonnaient pourtant la question politique pour ne s'occuper que des questions sociales, qu'ils mettaient bien au-dessus de toute discussion politique

Nous leur répondîmes dans le même sens

Partout, dans toutes les occasions, l'Internationale a montré son horreur de la guerre, qui est l'ennemie du travail

Nous venons, messieurs, de vous parler des grèves, dans lesquelles l'Association a joué un rôle important

Il semble, au premier abord, que l'Association soit une agence de grèves, ainsi que l'a dit M le procureur général en cour d'appel — Il importe donc d'expliquer ce fait

L'Association internationale n'admet pas la greve en

principe, elle croit que c'est un moyen antiéconomique elle l'a déclaré à Genève, elle l'a declaré partout

Il nous suffirait de vous citer des extraits du mémoire français lu à Genève pour vous le prouver Nous aimons mieux vous donner lecture de la déclaration suivante, faite dans une assemblée d'ouvriers allemands tenue à Berlin, le lundi 15 juillet 1867, qui contient en quelques mots nos idées sur ce point, et qui prouve que la grève est envisagée par les travailleurs partout de la même façon

Voici cette déclaration :

« Les ouvriers tailleurs de Londres ont resolu, dans le combat légitime du travail contre le capital, de se mettre en greve, et ont demande expressement aux ouvriers de Berlin de leur venir en aide

« Quoique l'Assemblée soit d'avis que les grèves ne sont pas un moyen propre à donner une victoire décisive à la cause du travail, elle croit néanmoins que les ouvriers de Berlin sont obligés, dans la grande lutte entre le travail et le capital, qui est une lutte européenne commencée chez tous les peuples civilisés, de répondre à l'appel qui leur a eté fait, en vertu de la confraternité des travailleurs, et elle décide, en conséquence, qu'elle appuiera de toutes ses forces le Comite institué par les ouvriers »

En septembre 1867, l'Association tenait son deuxième congres a Lausanne Là, les delégués donnaient connaissance des progres de l'Internationale, qui, en une année avait, on peut le dire, envahi toute l Europe

Nous laissons encore de coté tout ce qui concerne ce congres, nos prédecesseurs vous en ont donné connaissance, ce serait une redite inutile

Il nous suffira de rappeler, pour vous convaincre de la puissance de l'idee sociale, l'incident qui eut lieu au congrès de la paix, auquel le congrès ouvrier avait envoyé une députation

L'Association internationale fit comprendre aux membres de ce congrès que la guerre n'existait pas seulement entre nations, mais qu'elle existait surtout entre individus, que, par conséquent, toute réforme qui n'aurait pas pour but de faire disparaître la lutte des intérets entre citoyens serait incomplete Ils ajoutaient que, supprimer l'insolidarite qui existe entre les hommes, c'était du même coup supprimer la guerre entre nations

L'assemblée accepta la déclaration faite par les délégués du congres ouvrier

Nous arrivons maintenant à la situation présente Les journaux annonçaient, au mois de décembre dernier, que des poursuites étaient dirigées contre l'Association, et qu'à cet effet des perquisitions avaient eu lieu à la fois chez MM Tolain, Murat, Héligon et Chemalé

Que signifiaient ces poursuites et quelle devait être la conduite des membres de l'ancienne commission?

Leur premier acte fut un acte de prudence, suffisamment justifié par ce qui venait d'avoir lieu

Ils suspendirent les reunions du jeudi et firent connaître cette décision par la voie des journaux

Ensuite ils attendirent L'instruction se poursuivait D'abord on les accusa d'abriter une société secrète sous le voile de l'Association internationale

Ils ont prouvé qu'ils n'avaient pas a redouter ce chef d'accusation, qui fut en effet abandonne

Pendant ce temps ils préparaient leur défense, attendant, avec impatience sans doute, le jour ou ils pourraient justifier de leur conduite

Ce jour ne venait pas, aucune assignation n'était faite, et il était à craindre que les interêts de l'Association a Paris ne périclitassent si cette situation expectante se continuait

Ils prirent alors un parti, que nous n'hesitons pas à déclarer être le plus sage

La commission tout entiere donna sa démission, et les sociétaires furent invités a en élire une nouvelle par l'appel du 19 fevrier (1)

Nous avons répondu a cet appel, et le 9 mars, la nou-

(1) Voir cet appel, p 8

velle commission se constituait d'après le règlement du bureau de Paris

Nos actes, purement administratifs, ont été de peu d'importance Après nous être constitués et en avoir avisé les adhérents par la voie des journaux, nous avons transféré le bureau dans un autre local, et c'est à peine si nous avions essayé de rétablir les listes d'adhérents qu'une nouvelle poursuite est venue nous surprendre

La cause en était dans la part active que nous avions prise pour soutenir la grève des ouvriers de Genève

Devions-nous, dans la situation qui nous était faite, nous occuper de cette grève? Pourquoi pas? Est ce que le droit de grève n'est pas reconnu par la législation française? Est ce qu'il n'était pas de tradition pour l'Association internationale de s'occuper des intérêts immédiats des travailleurs et, par conséquent, des grèves? Nous n'avions, en cette circonstance, qu'à suivre ce qu'avaient fait nos devanciers en s'occupant des grèves des vanniers, des chauffeurs-mécaniciens en Angleterre, de Roubaix, de Fuveau et des ouvriers du bronze

Mais enfin, puisque c'est là notre seul acte important, celui sur lequel repose, pour ainsi dire, tout le poids de la prévention, abordons-le, voyons quel a été notre rôle dans cette affaire, nous verrons ensuite de quel côté ont été la justice et la loyauté

Le jour où nous recevions la première lettre de Genève, le journal la *Presse* publiait une correspondance dans laquelle on présentait l'Association internationale comme une bande de conspirateurs cosmopolites, et la grève de Genève comme une prise d'armes contre la bourgeoisie et l'ordre social établi Le comité genevois, y était-il dit, avait reçu 20,000 francs de Londres, avec *l'ordre* de tenter un coup décisif, le lendemain, ce même journal ne craignait pas d'annoncer que le comité de Genève venait de recevoir 100,000 fr. de Paris Mais son correspondant, tout en essayant de terrifier les bourgeois, qui, loin du mouvement social et économique, croient encore aux conspirations d'autrefois, tout en essayant d'attirer les rigueurs administratives sur les divers rameaux de l'Association, était obligé de constater que l'ordre n'avait pas été troublé, qu'il n'y avait pas eu de violences, que tout s'était parfaitement passé, sans qu'il soit apparu ni police ni gendarmes, grâce a la liberté dont jouit le pays Il reconnaissait la *liberté* comme le meilleur gage de sécurité publique

Messieurs, malgré l'indignation que nous a causée la lecture de ces articles d'une malveillance indigne, avant de répondre, nous avons tenu à nous renseigner exactement, et ce n'est qu'à la suite de télégrammes et lettres pressantes, après avoir possédé les renseignements les plus complets, que nous avons redigé la communication suivante, qui a été publiée dans le numéro de l'*Opinion nationale* du 5 avril 1868

ASSOCIATION INTERNATIONALE DES TRAVAILLEURS

BUREAU DE PARIS

« L'Association internationale fait appel à tous ses adhérents pour venir en aide aux ouvriers de Genève, en grève depuis la semaine dernière

« Déjà presque tous les journaux ont entretenu leurs lecteurs de cette greve, qui prend des proportions considérables Les uns en ont parlé dans un sens favorable aux travailleurs, d'autres, au contraire, ont cherché par des insinuations malveillantes et en dénaturant les faits, à présenter comme perturbateurs de l'ordre social les ouvriers génevois et surtout l'Association internationale, qui, en cette circonstance, leur a fourni l appui fraternel qu'elle doit a tous ceux qui réclament leurs droits et, par le travail, accomplissent leurs devoirs

« Le bureau de Paris, surpris par cet événement au moment ou toutes ses préoccupations étaient absorbées par le procès qu'il soutient actuellement, n'ayant tout d'abord que des renseignements vagues, a du, avant de se prononcer, se renseigner de la façon la plus complète, afin de pouvoir reduire à neant les erreurs et inexactitudes répandues par certains journaux, en rétablissant les faits dans leur plus exacte verité

« Voici l'origine de la grève, comment elle a été amenée et dans quelles circonstances l'Association internationale a été appelée à intervenir

« Depuis longtemps déjà les ouvriers du bâtiment désiraient que la journée fut réduite de douze heures à dix heures de travail, comme dans la plupart des autres pays industriels

« Le 19 janvier dernier, dans une assemblée générale de tous les corps de métier du bâtiment, les ouvriers décidèrent d'adresser a leurs patrons un rapport motivant et développant les demandes suivantes

« 1° Réduction de la journée à dix heures de travail au lieu de douze heures,

2° Fixation des salaires d'après un tarif arrêté comme suit par les assemblées générales de chaque corps de métier

« Pour les tailleurs de pierre et marbriers tailleurs, 50 centimes l'heure au minimum, et l'entretien des outils à la charge des patrons

« Pour les marbriers polisseurs et pour les maçons, 40 centimes l'heure au minimum

« Pour les charpentiers, 45 centimes l'heure au minimum, et pour les ouvriers fournissant leurs outils d'usage, 15 centimes par jour en plus.

« Pour les plâtriers peintres, 45 centimes l'heure au minimum

« Pour les menuisiers, 40 centimes l'heure au minimum, et la fourniture des outils de l'établi à la charge des patrons Le patron qui ne les fournirait pas payerait 2 1/2 pour 100 en sus du prix

« Pour les ébénistes, 40 centimes l'heure au minimum

« Pour les ferblantiers, 40 centimes l'heure au minimum

« Et pour les serruriers, 40 centimes l'heure au minimum

« De plus, pour le travail en campagne, le déplacement à payer en sus serait fixé, pour tous les genres d'ouvriers en bâtiment, a 80 centimes par jour lorsque l'ouvrier ne ferait que prendre ses repas au dehors, et à 1 fr 25 centimes lorsqu'il serait obligé de découcher

« Pour tout travail fait en dehors de la journée de dix heures, l'heure en plus équivaudrait a une heure et demie

« 3° Enfin, la suppression complète du marchandage

« Le rapport se termine en insistant sur ce point qu'il

ne s'agit d'autre chose que d'un entente amicale, sans aucune pression et sans aucune idée d'entrer en lutte, car il est bien reconnu que les grèves entre patrons et ouvriers entraînent à leur suite de graves inconvénients pour les uns comme pour les autres par la haine réciproque qu'elles engendrent

« Ce rapport, envoyé à tous les entrepreneurs et chefs d atelier, avec prière de s'entendre entre eux pour présenter les observations qu'ils jugeraient convenables, n'ayant pas obtenu de réponse, une nouvelle démarche fut tentée par les ouvriers On leur répondit que les patrons n'avaient pas encore pu se réunir Attente nouvelle Puis, ne voyant rien venir, démarche encore Pas plus de succes

« Enfin, après avoir attendu vainement pendant deux mois, après avoir réitéré leurs démarches quatre ou cinq fois, n'obtenant que des réponses évasives, — lorsqu'ils en obtenaient, — les ouvriers s'adresserent une derniere fois à leurs patrons en fixant un lieu de rendez-vous, et en les prévenant que s ils ne leur faisaient pas l'honneur de répondre à cette invitation, ils remettraient l'affaire entre les mains de l Association internationale, ce qui eut lieu, les patrons ne s'étant pas présentés

« Dès qu'il eut accepté d'intervenir dans ce débat, le comité de l'Internationale chargea une commission de trois membres de faire une nouvelle démarche en conciliation auprès des patrons, celle-ci n'ayant pas mieux réussi que celles faite par les interessés, une grande assemblée populaire fut convoquée pour le 23 mars, à l effet de rendre compte aux ouvriers de la conduite des patrons, et d aviser aux mesures a prendre

« C'est cette assemblée du 23 mars, tenue dans le *stand de la Couleuvrenière*, à laquelle trois à quatre mille personnes assistaient, dont certains journaux ont fait tant de bruit en essayant d'en dénaturer le but, elle ne comportait pourtant rien que de tres-ordinaire

« C'est dans cette assemblée, lorsqu'il fut bien établi que les ouvriers ne pouvaient rien obtenir à l'amiable, que la grève, ce triste expédient, cette dure nécessité, fut résolue

« Trois corps de métier, les maçons, les tailleurs de pierre et les gypsiers ou plâtriers durent se mettre en grève le lendemain, les patrons répondant au fait de guerre par un autre fait de guerre, décidèrent la fermeture complete de tous leurs ateliers

« Depuis lundi dernier, les terrassiers, maçons, tailleurs de pierre, plâtriers, charpentiers, menuisiers, serruriers, mécaniciens, ferblantiers, et toutes les spécialités se rattachant à ces parties, trois mille ouvriers environ, sont en grève

« Dans ces circonstances graves, la section genevoise fait appel à toutes les autres sections de l'Association internationale, elle fait appel à tous les ouvriers du bâtiment, a tous les travailleurs, pour qu'ils viennent en aide à leurs frères de Genève

« C'est d'une question de solidarité qu'il s'agit Les patrons genevois refusent de traiter avec l'Internationale ; ils veulent, disent-ils, traiter avec leurs ouvriers personnellement Nous savons ce qu'il en coûte, à l'ouvrier, de traiter seul avec ses patrons Que tous les travailleurs y songent bien, la cause qui s'agite à Genève aujourd hui, s'agitera ici demain , ce n'est que par l'union que les travailleurs peuvent défendre leur salaire

« Une souscription est ouverte au bureau de l'Association internationale des travailleurs, 44, rue des Gravilliers

« Pour la Commission parisienne,

L'un des correspondants,

E Varlin,

« 33, rue Dauphine »

Le jour même ou l'*Opinion nationale* publiait cet appel, un délégué arrivait de Geneve pour presser les secours Nous étions à la fin de la deuxieme semaine de grève , jusqu'alors, les Genevois avaient espéré s'entendre à l'amiable avec leurs patrons, et ce n'était qu après plusieurs démarches infructueusement faites pendant les dix premiers jours de greve qu'ils avaient pu se convaincre que la lutte serait sérieuse et qu'ils se décidaient, un peu tard, car les besoins étaient devenus pressants, à déléguer un des leurs auprès des ouvriers de Paris et de Londres

Nous nous sommes mis aussitôt en campagne , nous avons vu un grand nombre des groupes d'ouvriers, et nous sommes heureux de pouvoir dire que si nous n'avons pas trouvé autant de ressources que nous aurions pu le désirer, au moins nous avons trouvé partout l'accueil le plus sympathique pour la cause des ouvriers de de Genève Si nous n'avons pas pu leur fournir les 100,000 francs que l'on avait annoncés, au moins nous avons la satisfaction d'avoir contribué, dans la mesure de nos forces, avec le concours des travailleurs d'autres pays, à leur faire obtenir un résultat satisfaisant, quoique incomplet

Ici, nous croyons utile d'indiquer de quelle nature a été l'aide apportée aux Genevois par le bureau de Paris

Son organisation, pas plus que ses ressources, ne lui permettait d'aider pécuniairement Comme pour les grèves précédentes, il ne pouvait offrir que son appui moral auprès des travailleurs et une souscription parmi ses adhérents, la cotisation de ses membres n'étant pas destinée à constituer un capital social, mais simplement à subvenir aux frais généraux et de propagande

Le bureau de Paris réalise l'expression exacte du but que se proposaient les fondateurs de l'Association internationale créer un moyen permanent de relation entre les groupes de travailleurs des divers pays, établir entre eux un simple lien fédératif

Sans ce moyen de relation, les ouvriers du bâtiment de Genève, en présence d'une grève générale qu'ils se trouvaient dans l'impossibilité de soutenir, n'auraient pas obtenu, ou tout au moins assez vite, l'appui des travailleurs de Paris, de Londres, de l'Allemagne, de la Suisse, dont ils avaient un pressant besoin Tandis qu'il a suffi au comité de Genève de prévenir simultanément les différents bureaux, pour qu'immédiatement, de toutes parts, les ressources aient surgi.

La grève de Genève a produit dans le public une émotion bien plus considérable que toutes les autres grèves auxquelles nous avons assisté

C'est qu'à Genève, elle a pris l'importance d'une lutte sociale entre le peuple et la bourgeoisie

Au lieu de rester simple spectatrice, plus ou moins intéressée, de la lutte, la bourgeoisie genevoise a plus que manifesté sa sympathie pour les entrepreneurs, elle les a soutenus de toute son influence C'était son droit, nous ne lui adresserions pas de reproches, si son concours dans la lutte avait été loyal

Si les boulangers genevois avaient le droit strict, le droit légal de refuser du pain aux ouvriers en grève, l'humanité leur refusait ce droit

Mais pourquoi ces manœuvres indignes, récits dénaturés, répandus par tous leurs journaux pour tromper l'opinion publique, intimidations de toutes sortes, menaces de troupes françaises, d'intervention de troupes fédérales ?

Nous croyons savoir que des démarches ont été réellement tentées près du Conseil fédéral suisse c'est M Camperio, ministre libéral et intelligent, qui s'est opposé à toute immixtion de l'autorité dans ce différent d'intérêts purement civils Des démarches ont-elles été tentées près du gouvernement français ? nous l'ignorons, quoique la poursuite dont nous sommes l'objet pourrait bien nous le faire croire Mais qu'importe, nous avons rempli notre devoir de solidarité

Maintenant, répétons ce que nous avons affirmé déjà dans maintes circonstances

La grève, pour nous, n'est qu'un moyen barbare de régler les salaires, nous ne l'employons jamais qu'à regret, car il est toujours pénible pour l'ouvrier de se priver, lui et sa famille, pendant plusieurs semaines, plusieurs mois quelquefois, pour n'obtenir jamais qu'un salaire inéquitable

L'Association internationale se proposait d'arriver, par l'étude des questions économiques, à des moyens pacifiques de régler la rénumération du travail, mais les entraves que l'on met à nos études ne sont pas de nature à hâter la solution du problème social, et nous aurons sans doute encore besoin souvent de recourir à la grève pour défendre notre pain

Telles sont les raisons que nous tenions à mettre en lumière Il est un autre point sur lequel nous désirons nous appesantir

Si devant la loi nous sommes, vous des juges et nous des accusés, devant les principes nous sommes deux partis, vous le parti de l'ordre à tout prix, le parti de la stabilité, nous le parti réformateur, le parti socialiste Examinons de bonne foi quel est cet état social que nous sommes coupables de déclarer perfectible ! L'inégalité le ronge, l'insolidarité le tue, des préjugés antisociaux l'étreignent dans leurs mains de fer Malgré la déclaration des droits de l'homme et les revendications populaires, un instant triomphantes, la volonté de quelques-uns peut faire et fait couler le sang par torrents dans les luttes fratricides de peuple à peuple, qui, ayant les les mêmes souffrances, doivent avoir les mêmes aspirations

Les jouissances ne sont que pour le petit nombre, qui les épuise dans ce qu'elles ont de plus raffiné, la masse, la grande masse, languit dans la misere et dans l'ignorance, ici s'agitant sous une oppression implacable, là decimée par la famine, partout croupissant dans les préjugés et les superstitions qui perpétuent son esclavage de fait

Si nous passons aux détails, nous voyons les opérations de bourse jeter le trouble et l'iniquité, les pachas financiers faisant a leur gré l'abondance ou la disette, semant toujours autour des millions qu'ils entassent, le mensonge, la ruine et la hideuse banqueroute

Dans l'industrie, une concurrence effrénée, faite sur le dos des travailleurs, a rompu tout équilibre entre la production et la consommation

On manque de bras pour le nécessaire, et l'inutile superflu abonde, tandis que des millions d'enfants pauvres n'ont pas un habillement, l'on étale dans les expositions des châles à des prix fabuleux, qui ont coûté plus de dix mille journées de travail

Le salaire de l'ouvrier ne lui donne pas le nécessaire et les sinécures fleurissent autour de lui

L'antiquité est morte d'avoir gardé dans ses flancs la plaie de l'esclavage, l'ère moderne fera son temps si elle ne tient pas plus compte des souffrances du grand nombre, et si elle persiste à croire que tous doivent travailler et s'imposer des privations pour procurer le luxe a quelques-uns, si elle ne veut pas voir ce qu'il y a d atroce dans une organisation sociale dont on peut tirer des comparaisons comme celle-ci

« Si vous voyiez une volée de pigeons s'abattre sur un champ de blé, et si, au lieu de picorer chacun à son gré, quatre-vingt-dix-neuf s'occupaient à amasser le ble en un seul tas, ne prenant pour eux que la paille et les déchets, s'ils réservaient ce tas, leur travail, pour un seul d'entre eux, souvent le plus faible et le plus mauvais pigeon de toute la volée, s'ils formaient le cercle, complaisants spectateurs, tout un long hiver, tandis que celui-ci irait se gavant, dévorant, gâchant, jetant a droite et à gauche, si un autre pigeon plus hardi, plus affamé que les autres, touchait à un seul grain, tous les autres lui volaient dessus, lui arrachaient les plumes, le déchiquetaient en morceaux, si vous voyiez cela, vous ne verriez vraiment que ce qui est établi et journellement se pratique parmi les hommes

(Docteur W PALLEY, de l'Université d'Oxford, Extrait du journal la *Cooperation* Mai 1868)

C'est navrant de vérité !

N'appartient-il pas aux quatre-vingt-dix-neuf celui qui nait dans la misère, formé d un sang appauvri, quelquefois souffrant de la faim, mal vetu, mal logé, séparé de sa mere, qui doit le quitter pour aller au travail, croupissant dans la malpropreté, exposé à mille accidents, prenant souvent dès l'enfance le germe des maladies qui le suivront jusqu'au tombeau

Dès qu'il a la moindre force, à huit ans, par exemple, il doit aller au travail dans une atmosphere malsaine, ou, exténué, entouré de mauvais traitements et de mauvais exemples, il sera condamné à l'ignorance et poussé à tous les vices Il atteint l'âge de son adolescence sans que son sort change A vingt ans, il est forcé de laisser ses parents, qui auraient besoin de lui, pour aller s'abrutir dans les casernes ou mourir sur le champ de bataille, sans savoir pourquoi S'il revient, il pourra se marier, n en déplaise au philanthrope anglais Malthus et au ministre français Duchâtel, qui prétendent que les ouvriers n'ont pas besoin de se marier et d'avoir une famille, et que rien ne les oblige a rester sur la terre quand ils ne peuvent pas trouver le moyen de vivre

Il se marie donc, la misère entre sous son toit, avec la cherté et le chômage les maladies et les enfants Alors si, à l'aspect de sa famille qui souffre, il réclame une plus juste rénumération de son travail, on l'enchaine par la faim comme à Preston, on le fusille comme à la Fosse-Lépine, on l'emprisonne comme à Bologne, on le livre à l'état de siége comme en Catalogne, on le traîne devant les tribunaux comme à Paris

M LE PRÉSIDENT — Nous ne pouvons laisser passer ces dernieres paroles on ne traine personne devant la magistrature, on traduit devant elle des prévenus, qui souvent sont traités avec trop d'indulgence, rétractez vos dernieres paroles, ou je ne pourrais vous laisser continuer votre défense

VARLIN, apres avoir consulté ses coprévenus — Je les retire

M LE PRÉSIDENT — Il ne faut prendre conseil que de vous, votre défense doit être *complétement libre* et ne doit être limitée que par le respect de la loi et des convenances, je vous demande encore si, librement, de votre seule volonté, vous retirez vos paroles?

VARLIN — Je les retire

M LE PRESIDENT — Continuez votre défense

VARLIN, reprenant — Ce malheureux gravit son calvaire de douleurs et d'affronts, son âge mur est sans souvenirs, il voit la vieillesse avec effroi s il est sans famille ou si sa famille est sans ressources, il ira, traité comme un malfaiteur, s'éteindre dans un depôt de mendicité

Et pourtant cet homme a produit quatre fois plus qu'il n'a consommé Qu'a donc fait la société de son excédant? Elle en a fait . le centieme pigeon

Celui-là entre dans la vie, salué par la joie de tous les

siens. Toutes les prévenances et toutes les abondances regnent autour de son riche berceau. Son enfance se passe entre les caresses qu'on lui prodigue et les plaisirs de son âge. Le précepteur ou la pension ouvrent à son intelligence des horizons nouveaux, s'il est studieux, les lauriers scolaires lui donnent un avant-goût de la gloire. Tous les plaisirs fleurissent sa jeunesse : luxe, jeux, bonne chere, et, disons-le, Fantines à vendre, tout l'appelle, tout l'enivre.

Quand il est rassasié de jouissances, la vie de famille s'ouvre a lui avec toutes ses intimes douceurs. Une obole de sa fortune a envoyé dans les dangers, à sa place, le frère de la fille qu'il a achetée ou séduite, n'importe ! il étalera son rare patriotisme, et les dignités, les titres et les sinécures de pleuvoir ! Il voit l'avenir sans appréhension et va poursuivant le rêve de ses ambitions, n'est-il pas riche ?

Et pourtant cet homme n'a rien produit, il n'a fait que jouir des privations de quatre-vingt-dix-neuf de ses freres.

Consultez l'histoire et vous verrez que tout peuple comme toute organisation sociale qui se sont prévalus d'une injustice et n'ont pas voulu entendre la voix de l'austère équité sont entrés en décomposition, c'est là ce qui nous console, dans notre temps de luxe et de misère, d'autorité et d'esclavage, d'ignorance et d'abaissement des caractères, de pervertissement du sens moral et de marasme, de pouvoir déduire des enseignements du passé que tant qu'un homme pourra mourir de faim a la porte d'un palais ou tout regorge, il n'y aura rien de stable dans les institutions humaines.

Mettez le doigt sur l'époque actuelle, vous y verrez une haine sourde entre la classe qui veut conserver et la classe qui veut reconquérir, vous y verrez une recrudescence des superstitions que l'on croyait détruites par le dix-huitième siècle, vous y verrez l'égoïsme effréné et l'immoralité partout : ce sont là des signes de la décadence, le sol s'effondre sous vos pas, prenez-y garde !

Une classe qui n'a encore paru sur la scène du monde que pour accomplir quelques grandes justices sociales et qui a été l'opprimée de toutes les époques et de tous les règnes, la classe du travail prétend apporter un élément de régénération, il serait sage à vous de saluer son avénement rationnel et de la laisser remplir son œuvre d'équité

Un vent de liberté absolue peut seul épurer cette atmosphère chargée d'iniquités et si grosse d'orages pour l'avenir Au lieu de comprimer, puisque les compressions ne font qu'éclater plus tôt, laissez ceux qui ont foi dans l'avenir établir l'equité sociale, la confiance renaîtra, et nous verrons disparaître ces symptômes de decadence qui attristent les observateurs

Lorsqu'une classe a perdu la supériorité morale qui l'a faite dominante, elle doit se hâter de s'effacer, si elle ne veut pas être cruelle, parce que la cruauté est le lot ordinaire de tous les pouvoirs qui tombent Que la bourgeoisie comprenne donc que, puisque ses aspirations ne sont pas assez vastes pour embrasser les besoins de l'époque, elle n'a qu'à se confondre dans la jeune classe, qui apporte une régénération plus puissante l'égalité et la solidarité par la liberté

Les prévenus, consultes personnellement par M. le président, declarent accepter la defense generale

Le PRÉVENU CHARBONNEAU ajoute « Je tiens à déclarer que, pour mon compte personnel, quelle que soit la décision du tribunal, je poursuivrai ma tâche »

Les debats sont clos, le tribunal se retire dans la chambre du conseil pour deliberer

A quatre heures l'audience est reprise, le tribunal statue en ces termes

« Le tribunal,

« Sur les conclusions prises à la barre

« Attendu que les articles 291 et 292 du code pénal et

l'article 2 de la loi du 10 avril 1834 sont en vigueur et n'ont pas été abrogés ni modifiés par aucune loi postérieure,

« Que leur application par les tribunaux ne saurait, a aucun point de vue juridique, porter une atteinte quelconque au principe de l'égalité des citoyens devant la loi,

« Qu'il y a donc lieu d'examiner la prévention au fond,

« Attendu que de l'instruction et des debats il résulte que depuis moins de trois ans, à Paris, les prévenus ont fait partie de la Société intitulee Association internationale des travailleurs,

« Que cette Association était composee de plus de vingt personnes, qu'elle n'était pas autorisee par l'administration d'une maniere formelle et expresse,

« Attendu que les associés, liés entre eux par le but même de l'Association, ont concouru à sa réalisation,

« Que, suivant leurs déclarations et sans qu'il soit besoin d'en rechercher la complete exactitude, ce but était l'amélioration de la condition de tous les ouvriers, sans distinction de nationalité, et ce, par la coopération, la production et le crédit,

« Qu'ils se sont réunis à des époques fixes et qu'ils se sont organisés à l'état permanent,

« Qu'ils ont affirmé l'existence, la vitalite et l'action de l'Association en intervenant dans la greve récente des ouvriers de Geneve, soit moralement, en encourageant la lutte entre les patrons et les ouvriers, soit en faisant parvenir à ces derniers des sommes d'argent,

« Attendu que ces faits ont eu lieu au cours des poursuites judiciaires dirigées contre les membres de l'ancienne commission, et apres les jugement et arrêt confirmatif prononçant leur condamnation et la dissolution de ladite Association,

« Qu'il ne peut donc plus être question, comme moyen de défense, de la publicité de l'existence de l'Association et des tolérances de l'administration,

« Attendu qu'en agissant ainsi, les prévenus se sont rendus coupables du délit prévu et puni par les articles 291 et 292 du code et par l'article 2 de la loi du 10 avril 1834,

« Déclare dissoute l'Association internationale des travailleurs, établie à Paris sous le nom de Bureau de Paris,

« Condamne Varlin, Malon, Humbert, Granjon, Bourdon, Charbonneau, Combault, Mollin et Landrin (Emile), chacun en trois mois de prison, 100 francs d'amende, fixe à trente jours la duree de la contrainte par corps »

COUR IMPÉRIALE DE PARIS

CHAMBRE CORRECTIONNELLE

PRÉSIDENCE DE M. FALCONNET

AUDIENCE DU 19 JUIN 1868

Les accusés sont prévenus d'avoir, depuis moins de trois ans, à Paris, fait partie d'une Association non autorisée, de plus de vingt personnes, delit prévu et puni par les articles 291 et 292 du code penal, 1 et 2 de la loi du 10 avril 1834

Après le rapport de l'affaire, fait par M le conseiller Dufour, M le president procede à l'interrogatoire de chacun des prevenus

M. LE PRESIDENT — Prevenu Varlin, il résulte de votre déposition devant M le juge d'instruction, dont M le conseiller Dufour vient de donner lecture, que vous avez refuse de dire où se trouvaient les livres de la Sociéte

VARLIN — J'ai repondu à M. le juge d'instruction qu'en raison des difficultes en presence desquelles nous nous etions trouves lorsque nous avons pris le bureau de Paris, par suite de la confiscation de tous les livres d'adhesion et de comptabilite, faite lors des premières poursuites, je ne pouvais pas bénévolement lui dire où se trouvaient nos comptes et nos nouvelles listes

M LE PRÉSIDENT — Alors vous faites du mystère Comment voulez-vous que l'on ne s'inquiète pas d'une Société ayant des ramifications aussi puissantes que la vôtre et qui refuse de faire connaître l'emploi des sommes considérables qu'elle reçoit?

VARLIN — Nous n'avons jamais fait de mystère Nous n'avons jamais caché l'emploi de nos fonds; mais, en présence de poursuites qui commencent par la confiscation des registres et vous mettent dans l'impossibilité de rendre des comptes à qui de droit, c'est-à-dire aux sociétaires, la simple prudence exige que l'on prenne ses précautions

M LE PRÉSIDENT — Ainsi vous vous cachez?

VARLIN — Nous ne nous sommes jamais cachés; mais, je le répète, après les difficultés dans lesquelles s'étaient trouvée la précédente commission pour nous rendre ses comptes, tous ses registres de comptabilité et les livres des adhérents ayant été saisis, nous devions être prudents, et je ne pouvais pas dire à M. le juge d'instruction où se trouvaient nos comptes et nos listes d'adhérents, parce qu'il les aurait sans doute fait saisir aussi et nous aurait mis dans l'impossibilité de rendre compte de notre gestion

M LE PRÉSIDENT — C'est vous qui teniez la caisse?

VARLIN — Non, c'était Granjon

M LE PRÉSIDENT — Cependant on a saisi chez vous des lettres de Genève contenant des accusés de réception de sommes considérables envoyées par vous pour soutenir la grève

VARLIN — J'ai été tout particulièrement chargé de centraliser les souscriptions destinées aux Genevois et de les leur expédier, mais les cotisations de l'Association internationale étaient remises à Granjon, que nous avions choisi pour notre caissier.

Les prévenus Humbert et Malon, interrogés par le président, déclarent s'en rapporter aux réponses de Varlin.

M. LE PRÉSIDENT. — Prévenu Granjon, c'est vous qui étiez caissier?

GRANJON. — Oui, Monsieur le président.

M. LE PRÉSIDENT. — Voudrez-vous bien me dire où sont les livres de comptabilité?

GRANJON. — Nos livres ayant été saisis à la première poursuite, dans la situation faite à l'Association, la nouvelle commission inscrivait les cotisations reçues sur des feuilles volantes, qui sont entre vos mains puisqu'elles ont été saisies rue Chapon.

M. LE PRÉSIDENT. — Les feuilles dont vous parlez ne constatent que la rentrée de sommes minimes, où portiez-vous donc les sommes considérables que vous avez reçues?

GRANJON. — Vous confondez, sans doute, les sommes reçues pour la grève de Genève avec les cotisations. Quant à moi, je n'ai reçu que les cotisations de l'Association, Varlin était chargé de recevoir les sommes pour Genève.

M. LE PRÉSIDENT. — Vous n'indiquez toujours pas l'emploi des fonds, vous deviez cependant tenir une comptabilité?

GRANJON. — Je n'étais pas chargé de la comptabilité, je n'étais que le détenteur des fonds.

M. LE PRÉSIDENT. — Vous deviez tout au moins inscrire les entrées et les sorties?

VARLIN à Granjon. — Parlez donc de notre carnet de caisse.

M. LE PRESIDENT à Varlin. — Taisez-vous, Varlin, nous savons que vous êtes plus intelligent.

A Granjon. — Asseyez-vous, vous n'etes pas fort en comptabilité.

BOURDON, interrogé par le président, déclare ne rien avoir à ajouter.

M. LE PRESIDENT. — Prévenu Charbonneau, avez-vous quelque chose à ajouter?

CHARBONNEAU. — Non, Monsieur le président. Cependant j'ai à vous dire que nous pouvons etre plus ou moins intelligents, mais que nous possédons tous également le sentiment de la justice.

M. LE PRESIDENT. — Prévenu Combault, avez-vous quelque chose a ajouter à ce qui vient d'être dit?

COMBAULT. — Je veux donner quelques explications sur notre comptabilité, nos livres sont encore en ce moment chez le juge d'instruction, nous avions inscrit nos recettes et nos dépenses sur des feuilles volantes, comme vous l'a dit Granjon, elles ont été saisies dans la perquisition faite rue Chapon. Lorsque les sociétaires apportaient leurs cotisations, il leur était remis des timbres équivalant à la somme qu'ils versaient.

M. LE PRESIDENT. — Ceci est bien, pour les rentrées, mais pour l'emploi des fonds?

COMBAULT. — Tout ce qu'il y avait à payer était pris sur les cotisations reçues, et les quittances du loyer, les factures d'imprimeurs et autres que nous avons gardées sont la garantie de notre moralité vis-à-vis du public et de nos sociétaires, en attendant que le juge d'instruction nous ait rendu nos livres. Quant aux sommes énormes dont a parlé M. le président, il a confondu la souscription pour Genève avec les cotisations de l'Association Les fonds de Geneve ont éte collectes par Varlin en dehors de l'Association, et lui seul en a possede les reçus, qui ont été saisis chez lui

Landrin et Mollin déclarent n'avoir rien à ajouter aux explications donnees par leurs coprevenus.

Les interrogatoires terminés, la parole est donnee au prevenu Combault, qui est charge de presenter la défense generale.

COMBAULT donne lecture des conclusions suivantes :

« Plaise à la cour

« Attendu que devant le tribunal nous avons établi que nous condamner au nom d'une loi d'exception, tombée en désuétude devant le progrès des temps, serait la violation de l'égalité devant la loi ,

« Qu'en effet, une loi est applicable ou elle ne l'est pas, que si elle l'est, il faut l appliquer indistinctement à tous les objets de même nature , que si elle ne l est pas, elle est abrogée de fait et ne peut nous atteindre ,

« Qu agir d'une autre façon, c est-a dire frapper partialement selon les hommes et selon les choses, c'est constituer l'arbitraire ,

« Attendu qu'à nos observations le tribunal s'est contenté de répondre par une affirmation contraire, appuyée d'une condamnation ,

« Qu'en aucun cas une affirmation semblable et une condamnation ne sauraient être la réduction à néant d'un système de defense ,

« Qu'en conséquence, le principal objectif de nos conclusions devant le tribunal reste entier,

« Par ces motifs

« Infirmer d'une maniere complete, comme contraire à l'esprit de la legislation française, le jugement qui, à la date du 22 mai, nous condamne à trois mois de prison, 100 francs d'amende, et solidairement aux depens »

Combault ajoute ensuite :

Messieurs,

Nous appelons d'un jugement rendu contre nous parce que le tribunal n'a pas répondu d'une manière satisfaisante aux points qui servaient de base a nos conclusions, puisqu'il s est contenté d une affirmation contraire.

Nous maintenons que notre condamnation est la violation d'une des plus belles conquêtes de notre grande révolution l'égalité devant la loi

Nous avons lieu de croire que nous avons été mal compris, et nous apportons nos arguments devant la cour

Il doit être bien admis qu'une loi contraire à l'esprit du temps, au point de ne plus pouvoir être généralement appliquée, doit être considérée comme tombée en désuétude et abrogée de fait

En effet, messieurs, si vous faisiez l'application de cette loi dans toute son étendue, vous seriez obligés de dissoudre toutes les Sociétés coopératives de notre pays, et de déclarer que la juridiction française, presque seule en Europe, est opposée au grand mouvement socialiste qui partout s'annonce comme le principe régénérateur d'un ordre de choses vers lequel tendent toutes les aspirations populaires

Vous ne l'avez pas encore fait, et nous ne sachions pas que vous ayez l'intention de le faire Cependant les Sociétés ouvrières, toutes non autorisees, sont, par le fait même de leur existence au grand jour, une preuve manifeste que la loi de 1834 est inapplicable Il a donc fallu un concours de circonstances que nous ne pouvons pas nous expliquer, pour que l'Association des tailleurs et l'Association internationale aient été les seules frappées, et nous sommes encore a nous demander ce qui nous a valu cet honneur

Dans les différents jugements rendus a ce sujet, la prévention a toujours dû abandonner le point d'acte particulier, motivant une condamnation Il ne reste donc que le fait d'avoir violé l'article 291 du code penal et la loi de 1834, et c'est la cause, messieurs, pour laquelle nous sommes devant vous Il ne s'agit pas réellement pour nous de nos personnes et de la condamnation dont le tribunal a cru devoir les frapper, mais bien de la revendication du droit d'association Il s'agit de savoir si oui, si non, la législation française permet aux citoyens de s'associer, si oui, si non, les travailleurs peuvent se grouper, unir leurs efforts, coopérer ensemble pour améliorer leur condition

Par quelle suite de circonstances fatales, dans le pays de l'égalité, dans le pays ou le suffrage universel fait le peuple souverain de droit, sommes-nous devant les tribunaux pour soutenir le droit de nous associer ?

C'est que, depuis la proclamation des droits de l'homme, bien des regimes se sont succédés en France, et que si tous, ou à peu près, ont maintenu inscrits dans leur charte ou leur constitution les immortels principes de 89, beaucoup les ont violés par leurs lois, c'est que, par une contradiction incompréhensible, au lieu d'abroger ou considérer comme telles les lois antérieures contraires aux principes inscrits dans la charte ou dans la constitution, sous l'empire de laquelle on vit, on a prétendu et l'on prétend encore conserver, pour les appliquer à l'occasion, les lois les plus contradictoires créées par des régimes si différents

En 1789, la révolution affranchit le peuple de la longue oppression dans laquelle il vivait depuis tant de siecles, elle proclame l'égalité des hommes, elle les déclare libres dans tous leurs agissements, elle leur rend les droits naturels de penser, d'écrire, de se réunir, de s'associer, elle décide que les lois, au lieu de servir à quelques-uns contre tous, seront désormais la garantie de tous contre quiconque voudrait empiéter sur les droits d'autrui, en un mot, elle rend les hommes libres, et n'assigne de limite à leur liberté, que la liberté d'autrui

Nous ne voulons pas rechercher les atteintes que ces droits ont subies depuis cette époque, nous ne nous occuperons que de celui qui nous intéresse en ce moment le droit d'association

Le premier empire, ce régime d'autorité et de discipline, a voulu traiter les citoyens en soldats, régler leur conduite, soumettre leurs actes à l'agrément du chef ce régime a édicté les articles 291 et 292 du code pénal, d'après lesquels le droit d'association est subordonné à l'agrément préalable du gouvernement et aux conditions qu'il plaira à l'autorité publique d'imposer Cela sent bien son époque ! Cependant, le genre de punition à infliger aux contrevenants indique bien qu'il n'y a réellement là qu'une mesure disciplinaire L'action de s'associer n'est pas encore un délit, les administrateurs seulement sont passibles d'amendes, s'ils ne se sont pas conformés aux formalités prescrites

C'est la monarchie bourgeoise, dite libérale, qui devait nous doter de cette loi du 10 avril 1834, par laquelle l'acte même d'association devient délit, tous les associés sont coupables et punissables non plus de légères amendes, mais des peines corporelles les plus graves, puisqu'elles peuvent s'élever jusqu'à un an de prison, deux ans s'il y a récidive, et même, dans ce cas, quatre ans de surveillance de la haute police peuvent être ajoutés

Quel était donc ce régime capable d'édicter une pareille loi ? Ce fut le régime censitaire, le gouvernement de la nation par ceux qui possèdent On comprend alors cette loi dirigée contre le peuple, les bourgeois s'autoriseront toujours à faire telles sociétés qu'il leur plaira ou qui leur seront utiles, mais les travailleurs, qui ont surtout besoin de s'associer pour atténuer par la solidarité les effets désastreux de leur misérable condition, ceux-là ne s'associeront plus qu'autant qu'il plaira aux gouvernements, qu'autant que le but qu'ils se proposeront ne sera pas de nature à inquiéter leur pouvoir, leur domination

La révolution de 1848 vient briser le gouvernement oligarchique La republique le remplace, le suffrage universel est proclamé, la constitution reconnaît le droit d'association et, par conséquent, abroge la loi de 1834 et les articles 291 et 292 du code pénal

Survient le coup d'Etat, cette constitution est violemment dechirée et la plupart des associations ouvrières dissoutes brutalement par les autorités militaires Alors l'arbitraire s'avoue franchement, il ne cherche même pas à se déguiser sous une apparence de justice, c'est bien la loi du sabre et du canon qui règne, qui ferme les sociétés et proscrit leurs membres Passons cette page lugubre de notre histoire pour revenir à la loi de 1834, examinons quelles sont les circonstances particulières qui ont amené son avénement Elle est née le lendemain d'une insurrection formidable, et avait pour but de prévenir les émeutes Il est donc bien évident qu'elle doit répugner à l'esprit moderne, et qu appliquée dans toute son acception, elle suffirait peut-être à faire éclater la fermentation populaire, elle est donc bonne à reléguer dans les vieilleries du passé avec les plus tristes débris de notre histoire contemporaine, car, ne s'en servit-on qu'une fois tous les dix ans, et le plus indulgemment possible, on aigrira toujours les esprits et ce sera toujours commettre l'arbitraire

Nous pourrions aller jusqu'à nous demander si d abord les législateurs ont bien le droit d'édicter une loi qui viole les droits les plus imprescriptibles d'une constitution nationale Ce que nous constatons, c'est qu elle n'a été présentée qu'avec les plus grandes réserves par M Guizot, qui, en cette occasion, a declaré, sur une interpellation de M Salverte, ne pas désavouer les paroles suivantes qu'il avait prononcées antérieurement

« L'article 291, je me hâte de le dire du fond de ma pensée, est mauvais, il ne doit pas figurer longtemps dans la législation d'un peuple libre Sans doute les citoyens ont le droit de se réunir pour causer entre eux des affaires publiques, meme il est bon qu'ils le fassent, et jamais je ne contesterai ce droit »

Cependant M Guizot ne peut pas etre suspecté de trop de libéralisme, puisque la révolution de février a eu pour origine la demande de son expulsion du ministère, ce qui n'empêche pas que cet article de loi, qu il déclarait ne devoir pas durer, pese encore sur nous, malgré la victoire du peuple en 1848 et la conquête du suffrage universel, qui en est resté la seule conséquence

D'un autre côté, les protestations qui se sont fait entendre dans les discussions qui ont précédé le vote de la loi, nous donnent le niveau de l'enthousiasme qui l'a accueillie

Voici ce que disait M de Ludre

« Le pouvoir a toujours trouvé de l'or et des caresses pour tous les ennemis de la révolution Quant au peuple, il a eu aussi son lot de la misère quand il s'est tu, de la mitraille quand il a osé se plaindre » Et plus loin, il ajoute « Commerce, industrie, science, morale, tout sera livré à un arbitraire sans règle ni mesure »

En voici une autre de M Portalis, dont le caractère et la compétence en pareille matière ne peuvent être mis en doute dans cette enceinte « Le droit de s'associer est aussi sacré que celui de penser, il est aussi intime, il est aussi insaisissable, il est cette noble et touchante sympathie qui réunit les cœurs vertueux, il est cet instinct d'honneur qui éclaire simultanément les esprits et les fait voler vers le même but Jamais, a aucune époque, excepté dans les temps de tyrannie religieuse, on n'a songé à porter atteinte au droit d'association La manifestation de ce droit a été, sous les gouvernements mauvais, restreinte dans des limites plus ou moins étroites, mais si l'on a interdit aux citoyens la faculté de se réunir, on ne leur a jamais interdit celle de s'associer Vous pensez peut-être que c'est peu de chose que de priver un homme de se réunir, et moi, tout au contraire, je pense que c'est l'acte de la tyrannie la plus odieuse et la plus détestable. » Et M Portalis ajoute encore « Une loi semblable est un acte de félonie ! »

Après de telles affirmations, nous avons bien le droit de dire, messieurs, que si le magistrat de 1834 siégeait encore à cette cour, vous obtiendriez difficilement sa voix pour confirmer le jugement dont nous avons fait appel

Il est un autre point plus important, qui non-seulement motive, mais nécessite impérieusement l'annulation du jugement rendu par le tribunal

Ce point est contenu dans le considérant suivant .

« Attendu que, suivant leurs déclarations, et sans qu'il soit besoin d'en rechercher la complète exactitude, ce but était l'amélioration de la condition de tous les ouvriers, sans distinction de nationalité, et ce, par la coopération, la production et le crédit. »

Voilà donc, messieurs, le motif sérieux, le motif réel de la prévention établie contre nous.

Si nous sommes poursuivis, ce n'est plus pour avoir fait partie d'une Société non autorisée, ce prétexte n'est plus soutenable en presence des encouragements que l'administration prodigue elle-même aux ouvriers. Ce n'est pas non plus pour avoir continué d'administrer l'Association pendant le procès, puisque c'était un droit et un devoir pour nous de le faire. Non, si nous sommes poursuivis et si nous sommes condamnés, c'est bien réellement pour avoir recherché l'amélioration de la condition de tous les ouvriers.

Le doute n'est plus permis après la lecture attentive de l'attendu ci-dessus énonce.

L'aveu est à la fois cruel et naif, mais il est vrai. C'est la guerre faite aux idées sociales. La sanctionnerez-vous? Déclarerez-vous que, malgré le suffrage universel, qui en fait cependant un citoyen, l'ouvrier est fatalement condamné à l'infériorité vis-a-vis des autres classes, fatalement et irrévocablement condamné à la misere? Déclarerez-vous que, non-seulement il ne doit pas espérer un avenir meilleur, mais qu'il lui est désormais impossible, sous peine de l'amende et de la prison, d'essayer de préparer pour ses enfants cet avenir de justice, pour lequel il consacre aujourd'hui ses veilles, ses labeurs, son existence en un mot?

Déclarerez-vous enfin que le travail est un châtiment sous le poids duquel il doit se courber sans mot dire, comme un esclave, sans droit, sans conscience et sans dignité?

M. LE PRÉSIDENT. — Mais nous ne sommes pas des législateurs. Comment pouvez-vous demander à des magistrats de ne pas appliquer la loi?

COMBAULT — Lorsque nous, ouvriers, nous violons sciemment la loi pour indiquer qu'elle est mauvaise, vous, magistrats, vous devriez, tout au moins, si vous la reconnaissez telle, l'appliquer dans ses moindres conséquences

M LE PRÉSIDENT — Alors c'est de l'indulgence que vous demandez?

COMBAULT — Non, ce n'est pas de l'indulgence Ce que nous demandons, c'est que vous appliquiez la loi d'une façon tellement dérisoire que le ministère public ne puisse plus vous envoyer de prévenus de notre sorte

M LE PRÉSIDENT — Enfin, c'est toujours de l'indulgence

COMBAULT — En tout cas, ce n'est pas pour nous, nous n'en voulons pas

M LE PRÉSIDENT — Vous aviez un autre moyen d'attaquer la loi, vous pouviez écrire dans les journaux

COMBAULT — Il n'y a pas un seul journal qui eût voulu nous ouvrir ses colonnes, et il n'aurait pu le faire sans être lui-même poursuivi Il faut bien qu'il soit entendu qu'il n'y a que devant les tribunaux que nous avons la liberté de parler

M LE PRÉSIDENT — Enfin, c'est bien Continuez

COMBAULT — Autrefois, et ce temps n'est pas bien loin de nous, lorsqu'on condamnait les socialistes comme suspects et indignes, on les accusait généralement de prendre pour prétexte de leurs théories l'amélioration du peuple On disait qu'ils cachaient sous des dehors de philanthropes leurs projets anarchistes et sanguinaires

La masse ignorante et crédule pouvait se laisser prendre à ces dires et anathématiser elle-même ceux qui venaient pour la sauver

L'accusation était fausse, mais enfin on s'explique la méprise de cette masse

Aujourd'hui il n'en est plus de même, on nous croit sur parole, on ne veut même pas rechercher l'exactitude de nos affirmations, et l'on nous condamne avec pleine connaissance de cause, pour avoir recherché l'amélioration de la classe à laquelle nous appartenons

Vous le voyez, la question est nettement posée, sans obscurité comme sans réticence

Si vous confirmez le jugement de première instance, il sera proclamé à la face du monde entier que des magistrats français ont condamné à la prison des ouvriers ayant voulu améliorer leur condition

Et remarquez-le bien, car le fait est très grave, une infirmation partielle de ce jugement laisserait encore debout ce considérant qui est une faute

Il faut pour le faire disparaître que vous annuliez purement et simplement la décision des premiers juges Autrement, messsieurs, ce serait évidemment mettre la forme et l'autorité judiciaire au service d'une persécution qui n'a déjà que trop duré

Enfin nous nous demandons par quelle inconséquence de notre époque des travailleurs dont la prévention elle-même reconnaît la moralité comparaissent devant la justice elle-même

C'est que ces ouvriers sont socialistes, c'est que les hommes de labeur veulent une société relevant du contrat juridique librement consenti par tous les intéressés, appuyée sur la liberté, l'egalité, la solidarité, la réciprocité et le respect de la dignité humaine dans toutes les individualités. Ils veulent une société où le travail soit la seule source de la richesse Ils flétrissent donc ces loteries scandaleuses dont la Bourse et le turf sont l'ordinaire et immoral théâtre Tandis que des fils de la classe qui se prétend notre supérieure salissent leur nom avec les Phrynés les plus éhontees, qu'ils sont en voilette aux champs des courses, que leur décrépitude précoce atteste la dégénérescence de toute une classe de la nation, au point qu'il y aura bientôt putréfaction, si toutes ces decadences ne viennent puiser une vie régénératrice dans l'energique sang populaire, des ouvriers qui, depuis l'âge de huit ans, travaillent pour donner des loisirs et de l'instruction à cette jeunesse qui en a fait quelquefois un si noble usage, ont voulu tenter l'instauration de l'équité dans les rapports sociaux par la science, la libre étude des questions économiques et l'association indépendante.

Ils travaillaient à l'application de leurs idées, quand la prévention est venue les surprendre.

Depuis ils se sont vus condamnés. Serait-ce simplement parce qu'ils appartiennent à cette grande masse que, plagiaire de M. Thiers, M. Segur d'Aguesseau, hier encore, qualifiait courtoisement du nom de vile multitude? Non! c'est parce que, antiautoritaires absolus et républicains de cœur, nous avons repoussé tous les patronages.

C'est que, ne prenant conseil que de nous-mêmes, nous avons voulu affirmer la capacité des classes ouvrières. C'est parce que nous avons repoussé tous les sauveurs, nous croyant assez forts pour nous sauver nous-mêmes par la liberté, l'Association et la pratique de la justice. Alors c'est le régime autoritaire philanthropique, faisant l'Etat assureur pour flatter les masses, et déclarant la guerre au socialisme qui veut l'affranchissement du travail par les travailleurs eux-mêmes sur les ruines de toutes les sinécures, de tous les privilèges, de toutes les inégalités de droit et de devoirs et de toutes les entraves.

Nous ne nous étendrons pas davantage sur les points de notre défense. Nous ne venons pas en accusés se considérant comme trop sévèrement frappés et demandant une réduction de peine. Nous venons, en citoyens lésés, demander l'infirmation complète d'un jugement qui nous enlève un droit que soixante-dix-neuf ans de révolution devraient nous avoir garanti.

Nous vous dirons, avant de terminer : « Vos compressions impuissantes ne feront qu'élargir encore le grand esprit de solidarité internationale qui abaisse les frontières pour pousser toutes les pensées vers la réalisation d'un même but : la restauration de la dignité humaine et l'établissement de la justice dans les relations sociales. »

Ce ne serait pas sans fierté que nous nous entendrions condamner pour notre attachement à la noble cause de la liberté, si nous pouvions nous empêcher de penser que notre condamnation est la négation des grandes franchises révolutionnaires pour lesquelles nos peres de 93 ont sacrifié leur existence Au moins nous vous opposerons la force de la conviction et de la constance

Vos condamnations ne s'élèveront jamais à la hauteur des sacrifices personnels que nous sommes prêts à faire pour voir renaître les jours où, à l'ombre de la liberté, nous pourrons jeter les bases d'une société équitable

Lorsque dans les prisons politiques nous expierons le crime d'être socialistes, nous emporterons au moins un contentement que rien ne saurait nous ôter la conscience d'agir en hommes dignes d'avoir un pays libre

Les débats sont suspendus pendant une demi-heure

A la reprise, la parole est donnee à M. L'AVOCAT GENERAL BENOIST, qui s'exprime en ces termes

A côté d'une franchise que je suis bien tenté d'appeler d'un autre nom, il y a, dans la défense que vous venez d'entendre, un défaut de sincérité que j'ai hâte de relever

Pour chercher, en effet, à donner le change, non pas a vos consciences, qu'on n'espere pas tromper, mais a l'opinion publique, moins bien éclairée, les prévenus tendent a se presenter comme victimes des partialités administratives La loi qui prohibe les Associations non autorisées serait appliquée avec une choquante inégalité, et un capricieux arbitraire aurait seul provoqué contre eux d injustes rigueurs Il y a là un reproche qui blesse trop la vérité et la bonne foi pour que je n aie pas a cœur d'en faire immédiatement justice

Ce n'est pas que j'entende dire qu'il n'existe pas d'Associations non autorisées, vivant à l abri de la tolerance de l'administration, oui, des tolérances existent, et cela prouve les idées larges, élevées, bienveillantes, qui inspirent la conduite de l'administration vis-à vis des Sociétés ouvrières

Mais à quelles Associations s'applique cette tolérance?

Aux Associations qui, fondées dans un but loyalement et franchement indiqué, poursuivent ce but avec la même loyauté et la même franchise, à celles qui, restant sincèrement fidèles à leur principe, se livrent exclusivement, sans arrière-pensée, à la recherche de problèmes purement économiques, et ne se couvrent pas d'apparences trompeuses pour masquer les menées subversives que vous avez stigmatisées dans votre arrêt du 29 avril

Voilà ce qui est toléré Mais il y a quelque part, au vu et au su de l'administration, vivant sous sa tolérance, une Association recélant dans son sein, comme l'Association internationale, les aspirations les plus dangereuses, agitant les questions politiques les plus brûlantes, remuant des passions ardentes, cherchant à embrasser le monde dans les mailles puissantes d affiliations redoutables, créant (pour rappeler les termes de votre arrêt) un danger permanent pour la sécurité publique, à raison des principes subversifs propagés par ses membres contre la religion, la propriété, le capital, les relations entre les ouvriers et les patrons, se perpetuant au mépris de la loi et des avertissements de la justice, trahissant enfin la nature de ses actes par le mystère dont elle cherche à s'entourer en refusant de livrer ses registres de comptabilité et d'indiquer l'emploi qu'elle fait des cotisations qu elle recueille Voilà ce qu'il faudrait établir pour donner quelque fondement au reproche qu'on adresse à la poursuite, et comme on ne peut pas le faire, le bon sens, la verite et la bonne foi font justice de ce qu'on a essayé de dire de la partialite avec laquelle les prévenus seraient traités

Or, est-il donc bien certain que l'Association internationale se presente avec les caractères dangereux que je viens d'esquisser?

Dès la première poursuite, vous aviez compris qu'elle avait complétement dévié de sa route, en supposant qu'elle ait eu réellement a l'orgine un but exclusivement économique, et elle vous était apparue comme etant aujourd'hui, avec la constitution la plus vivement accentuée, une association politique avec des visées révolutionnaires Cependant à l'heure même où intervenait votre décision, ceux qu'elle atteignait protestaient encore L'Association internationale, assurait-on, s'était toujours soigneusement écartée des questions politiques, si parfois, dans les discussions qui animaient ses réunions, on avait touché à ces matières, c était accidentellement et seulement lorsque le contact de l'économie sociale avec le terrain politique avait fait de ces exceptions une sorte de nécessité

C'était, ajoutait-on, un tort de vouloir juger la marche de l'Association internationale par les correspondances saisies, on ne devait y voir que des opinions individuelles échangées entre ses adhérents dans des communications essentiellement privées Tel était le langage tenu il y a six semaines Eh bien! qu'on juge aujourd'hui de la sincérité Non-seulement le but et le caractère politiques de l'Association se sont hautement affirmés dans son intervention active, prolongée, au milieu de la grève de Genève, que le prévenu Varlin a qualifiée « une lutte sociale engagée entre le peuple et la bourgeoisie, » non-seulement les nouvelles correspondances saisies attestent avec une évidence de plus en plus grande les menées révolutionnaires des chefs des divers comités, mais les prévenus eux-mêmes ont cru devoir lever le masque, et, en présence de leurs déclarations, le doute n'est plus permis, vous venez de l'entendre dans la lecture que l'un d'eux a faite d une defense concertée et réfléchie Ils s érigent en réformateurs et en régénérateurs de l'état social, l'Association internationale représente un parti, et quel parti? le parti socialiste

L'aveu est net, il est complet, et il est bon à recueillir Il est bon qu'on sache à qui l'on a affaire, et il est bon surtout que les ouvriers consciencieux et de bonne foi connaissent le danger sous lequel on veut les enrôler, et les piéges qui, cette fois encore, se cachent sous les mots trompeurs de fraternité et de philanthropie

Donc, l'Association internationale est un parti politique, et c'est le parti socialiste Ce sont les chefs mêmes du groupe parisien, représenté, à juste titre, comme formant la tete et le cœur de l'Association, qui se plaisent à le proclamer

Ai-je à dire, apres cela, quels sont leurs moyens d'action? Vous les auriez devinés du moment ou leur drapeau vous était connu, mais, à cet égard encore, les prévenus ont livré leur secret dans les déclamations qui accompagnent leur profession de foi des appels adressés aux passions haineuses, des parallèles irritants établis entre les classes de la société, d'un côté les riches, gorgés de toutes les jouissances, et en même temps souillés de tous les vices, de l autre les travailleurs, déshérités de tout, accablés de privations et de misères, doués pourtant de toutes les vertus et ornés de tous les mérites, la négation des bienfaits multipliés depuis quelques années pour améliorer le sort des classes ouvrières, la désorganisation du travail, des pressions exercées sur les grèves, l'organisation de coalitions universelles destinées à renverser les conditions légitimes dans lesquelles peut se faire la conciliation des droits des ouvriers et des patrons, destinées plus radicalement à écraser le capital, c'est-à-dire ceux qui possedent, sous l'action combinée de tous les travailleurs de toutes les professions et de tous les pays, voilà leurs moyens d'action, et maintenant je ne comprends que trop, en face d'une fédération universelle établie sur ces bases, les secrets desseins que cache, sous des apparences philanthropiques, le vœu du désarmement général dont ils poursuivent chaudement la realisation

Que les prévenus n'esperent donc plus faire illusion à personne et qu ils renoncent à revendiquer des tolérances accordées à des associations respectables dans leurs principes et dans leurs aspirations, En face d'une association constituée comme l'Association internationale, la poursuite n'était pas seulement légitime, elle était commandée par des nécessités d'ordre public et par l'intérêt même des ouvriers honnêtes et de bonne foi

Ceux-là, en effet, n'ont qu'à souffrir, et ils souffrent réellement de l'agitation qu'on seme autour d'eux, et c'est un devoir pour l'autorité de leur donner sa protection contre les fauteurs de cette agitation Ils ne peuvent, à coup sûr, que lui être reconnaissants Ils savent par expérience ce qu'ils ont à attendre de la mise en pratique des théories socialistes, et ils savent aussi, dans leur honnêteté, restituer ses véritables couleurs au tableau qu'on essaye de leur faire de notre état social Comment, en effet, leur loyauté ne s'indignerait-elle pas de toute cette phraséologie révolutionnaire ? Comment leur loyauté accepterait-elle qu'on parle aujourd'hui de leur état de servitude et d'esclavage ? Est-ce que l'institution du suffrage universel ne les a pas appelés a la libre jouissance des droits politiques ? Est-ce qu'ils ne sont pas investis de tous les droits actifs de citoyens ? Est-ce que des efforts incessants ne sont pas faits pour répandre parmi eux l'education et l'instruction, afin de les élever par l'intelligence ? Est-ce qu'ils n'ont pas vu depuis dix-huit ans se fonder pour eux, sous toutes les formes, des institutions de prévoyance et d'assistance ? Est-ce qu'ils n'ont pas le droit de s'unir pour fonder des Sociétés coopératives, dont la création les provoque à constituer la propriéte par l'epargne ? Est-ce qu'ils n'ont pas même le droit de se concerter, de se coaliser pour débattre librement, d'égal a egal, avec les patrons, les conditions du travail et le taux des salaires ? Est-ce que chaque jour on ne travaille pas à faire disparaître de notre législation les dernières inégalités dont leur susceptibilité pourrait se blesser ?

Voilà ce que savent tous les ouvriers de bonne foi Aussi, reconnaissants du passé, rassurés sur l'avenir, bien certains que l'agitation ne leur apporterait que les inquiétudes et les misères, ne demandent-ils qu'à s'isoler des groupes ou fermentent les idées subversives Voyez, en effet (il faut le dire a l'honneur de notre population ouvrière), voyez comme les vides se sont faits dans le sein de l'Association internationale, du moment ou ses menées ont été soupçonnees et son but aperçu Le nombre de ses adhérents s'est élevé d'abord à plus de douze cents, ils n'étaient plus que sept cents environ lorsque les premières poursuites ont commencé, et quand, le 8 mars, les prévenus qui vous ont saisi de leur appel ont voulu constituer une commission nouvelle, ils ont pu à peine réunir autour d'eux soixante-dix à quatre-vingts suffrages

Toutefois ce groupe ne désarme pas, il entretient un levain agitateur et révolutionnaire, et les ouvriers paisibles, de bonne foi, ont besoin que vous les mettiez à l'abri de son action pernicieuse

Déjà votre arrêt du 29 avril leur a dit la protection dont votre justice entend les couvrir Comment la leur refuseriez-vous aujourd'hui, en face d'un nouveau délit nettement caractérisé, avoué par ses auteurs et aggravé par une persistance obstinée dans la violation de la loi?

En vain les prévenus essayent de masquer cette obstination derrière de faux prétextes, en prétendant qu'ils n'ont voulu continuer l'œuvre de leurs devanciers que provisoirement, pendant la durée des premières poursuites, dans le but, soit de conserver l'Association intacte pour le cas d'acquittement, soit de liquider sa situation en cas de condamnation Si telle eût été leur pensée, ils se seraient bornés à des actes de pure administration

Est-ce là ce qui s'est passé? Ils ont tout d'abord cherché, l'une des lettres saisies en fait foi, à organiser une protestation contre le premier jugement du tribunal Ils se sont ensuite efforcés d'affirmer leur existence et leur vitalité par des actes multipliés communications avec le public par la voie des journaux, correspondances actives avec l'étranger, intervention énergique dans la grève de Genève, ouverture de souscriptions, envois répétés de subsides importants, etc Sont-ce là, je le demande, les actes d'une gestion provisoire?

Mais quoi! votre arrêt a parlé, les prévenus ont entendu prononcer la dissolution de l'Association internationale, de leurs rangs mêmes sont partis des avis pleins de sagesse et de raison, leur signalant l'illégalité de leur conduite et le caractère qui désormais s'y attacherait s'ils persévéraient, la réserve d'ailleurs leur était commandée par l'indulgence même avec laquelle la justice avait mesuré ses premiers avertissements Ont-ils tenu compte de ces considérations! Non Eux-mêmes déclarent qu'ils ont continué de marcher après votre arrêt comme auparavant, et aujourd'hui encore ils poursuivent leur rébellion contre la loi, en proclamant que la loi a été anéantie par l'effet des principes nouveaux de notre droit public, en dénonçant comme une faiblesse la soumission à ses dispositions, et en declarant qu'ils ne doivent pas la respecter, parce qu'ils ont des droits primordiaux supérieurs à ses prescriptions

Messieurs, je n'ai pas ici, devant une cour de justice, à discuter une défense qui demande à des magistrats de ne pas appliquer une loi existante Si j'avais ailleurs a la discuter, je n'aurais pas de peine à trouver, dans les révélations mêmes de cette affaire, la preuve qu'il faut la maintenir comme une loi de sécurité publique et de protection sociale Mais en ce moment, en face d un délit caractérisé qui s'affirme dans la défense même qui vous est soumise, qui s'est aggravé d'une révolte persistante et obstinée contre la loi, au mépris des avertissements donnés sous la forme la plus solennelle, je n'ai qu'un dernier mot à dire, et vous l'avez dit avant moi Dans une Société bien réglée, le maintient du respect de la loi est la première garantie de l'ordre public et de la sécurite des citoyens

C'est à ce principe tutélaire que le jugement dont est appel a donné satisfaction

Je vous demande de le confirmer.

Après ces conclusions, le président demande à chacun des prévenus s'il a quelque chose à ajouter.

Le prévenu Varlin déclare ne rien avoir à dire

Le prévenu Malon — Je proteste tout d abord contre les insinuations du réquisitoire Nous sommes de bonne foi, rien n'autorise le procureur général à dire le contraire De plus, je tiens à dire que nous ne sommes pas aussi seuls qu'on le répète, nous sommes mêlés a la masse des travailleurs, nous sommes tous fondateurs ou administrateurs de Sociétés coopératives de toutes sortes, et par conséquent pas du tout isolés

M LE PRÉSIDENT — Mais vous aggravez votre position devant la cour, en étendant votre cercle d'action

MALON — Cela m'est indifférent Je tenais surtout à rétablir un fait

BOURDON — Je n'ai pas l'intention de répondre au réquisitoire que vient de prononcer M l'avocat général, je désire seulement présenter quelques observations sur un point qui est à peine indiqué dans notre défense, mais sur lequel le rapport de M le conseiller s'est longuement appesanti Je veux parler du fait, pour nous, d'avoir continué d'administrer l'Association internationale non-seulement après les premières poursuites, mais encore, et surtout, alors que le tribunal en avait prononcé la dissolution

Nous avons tous déclaré dans l'instruction et devant nos premiers juges, que tant qu'un arrêt définitif et sans appel n'était pas venu dissoudre l'Association internationale, nous avions assurément le droit de l'administrer pour l'empêcher de mourir

L'avocat impérial, en première instance, a prétendu que c'était là une objection sans valeur, un système de défense qui n'était pas admissible

Eh bien, messieurs, à ces paroles nous opposons le droit, et nous affirmons de nouveau que notre déclaration n'était nullement un moyen de défense, que nous avions le droit strict, le droit imprescriptible de faire vivre l'Association pendant le procès de nos amis et je vais vous prouver que M l'avocat impérial nous a reconnu lui-même ce droit dans son réquisitoire

Que disait-il, en effet, en répondant a cette objection qu'il prétend être sans valeur? Il nous disait

« Que les prévenus, comptant sur un acquittement, aient voulu, pendant le procès, maintenir la caisse, les Statuts et les Règlements de l'Association, qu'ils aient institué une commission pour, a défaut de l'ancienne, recueillir les cotisations, *recevoir les nouveaux adhérents*, payer les dettes, tenir les registres, continuer *de vivre enfin*, soit ! je l'admets, et ne cherche à sonder ni leurs secrets, ni leurs espérances »

D'après ces paroles, on voit qu'il y a dans le réquisitoire une contradiction qu'il est facile de faire ressortir

En effet, on nous reconnaît le droit de recevoir de nouveaux adhérents, c'est-à-dire de faire un acte qui prouve a lui seul la vitalite de l'Association Recevoir de nouveaux adhérents, n'est-ce pas étendre l'action de l'Association, accroître son importance ?

Or, si l on admet qu'il nous était possible d'étendre son action et d'accroitre son importance, on reconnaît donc par cela même que l'Association pouvait exister et que, par conséquent, elle n'était pas dissoute encore

Alors pourquoi nous poursuit-on avant que sa dissolution ne soit devenue definitive ?

On nous l'a dit c'est pour la grève de Geneve

Examinons ce point

Vous n'ignorez pas que, bien que l'Association ait toujours déclaré qu'elle n'approuvait pas les grèves en principe, il était cependant de tradition chez elle d'aider, par tous les moyens possibles, les ouvriers de tous les pays a soutenir leur salaire devant les prétentions du capital Vous n'ignorez pas non plus que ce droit a été parfaitement reconnu par le ministere public lui-même, et que ce n'est pas pour cette raison que l'Association a été poursuivie

D'après cela, je dis donc que si nous avions le droit de *faire vivre* l'Association en augmentant le nombre de ses membres, nous avions incontestablement celui de nous occuper de la greve de Geneve, et je crois que dans cette situation, l'administration n'eût pas dû nous poursuivre , d'autant plus que ses poursuites ont eu lieu avant l'arrêt de la cour car nous avions déjà tous, ou presque tous, comparu devant le juge d'instruction, lorsque vous avez confirmé le jugement du 20 mars

Il est un autre point sur lequel je veux aussi dire quelques mots.

Devant le tribunal et devant la cour, nous avons invoqué pour notre défense le principe de l'égalité devant la loi, nous avons dit que l'application de ce principe amenait à côté de nous un grand nombre de Sociétés coopératives qui ne sont pas autorisées. Le tribunal a passé outre sur ce point. Je ne pense pas que vous puissiez accepter sa décision.

Est-il vrai, en effet, que nous ne subissions véritablement que le sort réservé à tous les citoyens qui font partie d'une Société non autorisée ?

Vous savez aussi bien que nous, messieurs, qu'il existe à Paris plus de cent cinquante Sociétés ouvrières qui sont dans le même cas. Pourquoi ne les poursuit-on pas et pourquoi nous poursuit-on ? Car il ne faut pas oublier que nous sommes simplement prévenus de n'avoir pas été autorisés, le caractère politique qui avait motivé les poursuites contre l'Internationale ayant été abandonné par le ministère public.

Or, la loi existe ou n'existe pas. Si elle existe, elle est applicable pour tout le monde, et si elle n'est pas appliquée, c'est qu'elle n'existe pas, qu'elle est abrogée ou qu'elle est tombée en désuétude. Dans ce dernier cas tous les citoyens, tous indistinctement, doivent profiter de son abandon.

Le gouvernement, en paraissant devancer le législateur dans l'abrogation d'une loi, établit une situation qu'il n'a plus le droit de rompre après l'avoir faite, car il autorise par ce fait de nombreux délits qui, s'affirmant au grand jour, ne sont plus que l'usage d'un droit reconnu implicitement par lui.

Non-seulement l'administration laisse faire, mais elle encourage elle-même les Sociétés, et tout le monde se rappelle les paroles de ce ministre qui engageait les ouvriers à profiter de la tolérance du gouvernement, c'est-à-dire à violer la loi en vertu de laquelle on nous poursuit.

Il est donc difficile de s'expliquer la partialité dont

nous sommes victimes Il est vrai que nous avons toujours repoussé et que nous repousserons toujours l'assistance qui nous est offerte Nous voulons faire nos affaires nous-mêmes, sans le secours d'aucun patronage Ainsi que vient de le dire M l'avocat général, nous sommes socialistes et nous resterons socialistes

COMBAULT — Je ne veux dire qu'un mot à propos de cette malheureuse lettre signée Mathon et d'une autre signature qu'il est impossible de lire Elle a été envoyée a Chemalé, chez qui elle a été saisie

Je ne m'explique pas pourquoi on est allé chez Chemalé, puisque depuis sa condamnation il n'est pas revenu à l'Association, ensuite la seconde signature, illisible, et l'insistance du ministère public à l'égard de cette lettre, nous font mettre en doute la bonne foi des signataires

Les autres prévenus déclarent ne rien avoir a ajouter.

Les débats sont clos La cour renvoie au mercredi suivant pour prononcer son arrêt

---

AUDIENCE DU 24 JUIN 1868

A l'ouverture de l'audience, la cour rend l'arrêt suivant :

« La cour,

« Considérant qu'il résulte de l'instruction et des débats qu'une Association, prenant la qualification d'Association internationale des travailleurs, s'est formée en 1866,

« Que l'objet annoncé de cette Association était de procurer un point central de communication et de coopération entre les ouvriers de différents pays aspirant au même but le concours mutuel, le progrès et le complet affranchissement de la classe ouvrière,

« Que la réunion du conseil central était fixée a Londres, qu'un bureau était établi a Paris, que ce bureau a un Règlement imprimé, dans lequel se trouvent les dispositions suivantes

« En se faisant inscrire, chaque adhérent paye 50 cen-
« times de droit d'admission et reçoit un carnet de so-
« ciétaire La cotisation est fixée à 10 centimes par
« semaine

« La commission chargée de l'administration est com-
« posée de quinze membres nommés au scrutin

« La commission choisit dans son sein trois correspondants, un caissier et un secrétaire

« Chaque jour un des membres de la commission doit
« se tenir au bureau pendant deux heures, pour recevoir
« ou fournir des renseignements »

« Considérant que, conformément à ces Statuts, l'Association avait reçu son organisation, qu'un bureau, établi rue des Gravilliers, n° 44, s'était mis en relation avec les diverses parties de la France et avec l'étranger, qu'il intervenait par ses conseils et ses remises de fonds dans les grèves d'ouvriers, notamment dans les grèves des ouvriers bronziers, des ouvriers tailleurs de Paris, des ouvriers de Roubaix,

« Considérant qu'il résulte de l'aveu même des prévenus que la commission se réunissait chaque semaine, qu'un membre de l'Association était en permanence chaque jour au siége de la Société pour recevoir les adhésions et les communications,

« Considérant que le nombre des adhérents, qui s'était élevé à douze cents, dépassait encore sept cents au commencement de l'année 1868, et se trouve aujourd'hui, d'après les votes mêmes qui ont nommé les prévenus membres du bureau, très-supérieur à vingt,

« Considérant que les écrits saisis, soit au bureau, soit au domicile de divers membres de l'Association, les correspondances échangées avec les bureaux et comités de diverses villes de France, avec ceux de Londres et Genève, établissent que les problèmes d'économie commerciale ou industrielle, les relations et questions de salaire entre patrons et ouvriers, étaient plutôt le prétexte que le but des menées auxquelles se livraient les chefs et les membres influents de l'Association dite internationale,

« Considérant que le but manifesté par ces actes et ces écrits était une attaque permanente dirigée contre la société, la propriété, le capital, et l'invitation aux ouvriers de tous les pays de se liguer pour modifier dans le monde entier l'organisation sociale et politique en même temps que l'organisation industrielle,

« Considérant qu'une instruction a été ouverte et suivie, à la fin de l'année 1867 et au commencement de 1868, contre les membres de cette Association non autorisée, qu'il est reconnu par les prévenus appelants que, durant le cours de cette instruction, et même après un jugement rendu à la date du 20 avril 1868, qui condamne Chemalé, Héligon et treize autres prévenus à 100 francs d'amende, par application des articles 291 et 292 du Code pénal, 2 de la loi du 10 avril 1834, l'Association n'a pas cessé de fonctionner, de tenir des réunions, de recevoir des cotisations et d'avoir un de ses membres en permanence au siége du bureau de la Société;

« Considérant que, le 10 mars 1868, le journal le *Courrier français* annonçait la nomination d'une nouvelle commission formée pour le bureau de Paris, et comprenant les noms de tous les prévenus aujourd'hui en instance d'appel devant la cour,

« Considérant que, le 5 avril suivant, le journal l'*Opinion nationale* publiait un appel adressé a ses adhérents par le bureau de l'Association internationale, à Paris, e une exhortation à venir en aide à la grève des ouvriers de Genève, que cette proclamation était signée « Pour « la commission parisienne, l'un des correspondants « Varlin, rue Dauphine, 33, »

« Considérant que le 10 avril, le journal la *Voix de l'Avenir*, journal de l'Association internationale des travailleurs de la Suisse romande, ouvre une souscription pour venir en aide à la grève de Genève, et annonce que les cotisations seront remises chez Varlin, rue Dauphine, 33, que divers lettres saisies chez Varlin établissent qu'en effet les fonds recueillis pour la grève de Genève étaient centralisés chez lui,

« Considérant que ce maintien obstiné d'une Association dénoncée et poursuivie, cette lutte contre la justice rendent inadmissible, de la part des prévenus, toute excuse tirée de la bonne foi et d'une prétendue tolérance de l'autorité administrative,

« Considérant que les prévenus ne sauraient davantage se prévaloir de la tolérance et même du concours accordé par l'administration a des Sociétés formées dans le but avoué, publié et sincèrement suivi par les adhérents, de coopération industrielle ou de bienfaisance, pour provoquer l'égalité devant la loi, pour prétendre que les articles 291 et 292 du code pénal, 1er et 2 de la loi du 10 avril 1834, sont tombés en désuétude, et que toutes Associations peuvent se former sans autorisation préalable du gouvernement, quels que soient d'ailleurs leur but ou le nombre de leurs adhérents

« Adoptant, au surplus, les motifs des premiers juges,

Et considérant, ainsi qu'il est prouvé, que depuis moins de trois ans, à partir du premier acte de poursuites, à Paris, Varlin, Humbert, Malon, Granjon, Bourdon, Charbonneau, Combault, Landrin et Mollin ont fait partie d'une association de plus de vingt personnes, sans avoir obtenu l'agrément du gouvernement, délit prévu par les articles 291 et 292 du Code pénal, 1er et 2 de la loi du 10 avril 1834,

« Met les appellations au néant,

« Ordonne que le jugement dont est appel sortira son plein et entier effet,

« Et condamne les appelants solidairement aux dépens »

PIÈCE ADDITIONNELLE

Monsieur le rédacteur en chef du journal le Réveil

Monsieur,

Vous annoncez devoir faire suivre de quelques réflexions les débats du procès de l'Association internationale des travailleurs, publiés dans votre numéro du jeudi 2 juillet. Voulez-vous bien, à cette occasion, nous permettre de nous expliquer sur un point du réquisitoire, très-clair pour ceux qui assistaient à l'audience et qui ont entendu l'interrogatoire des prévenus, mais qui pourrait laisser un soupçon dans l'esprit des personnes qui n'ont lu que le compte rendu judiciaire?

Parlant de l'Association internationale, M. l'avocat général a dit : « Trahissant enfin la nature de ses actes par le mystère dont elle cherche à s'entourer en refusant de livrer ses registres de comptabilité et d'indiquer l'emploi qu'elle fait des cotisations qu'elle recueille. »

Or voici sur ce sujet la stricte vérité. Le 30 décembre 1867, une descente eut lieu au siége social, rue des Gravilliers, 44. On emporta le grand-livre, le registre d'inscription, les feuilles de statistiques professionnelles, ainsi que les journaux, brochures, volumes qui s'y trouvaient. Le livre-journal, en ce moment chez le comptable ne fut pas saisi, mais pendant l'instruction et sur la simple demande de M. de Gonet, il lui fut remis immédiatement. Deux fois le comptable fut appelé pour donner des explications sur des dépenses de la plus minime importance, et rien n'a été contesté. Depuis cette époque, les registres étant restés aux mains du juge d'instruction, les dépenses de bureau, de loyer, de publication, les seules qui se prélevaient sur les cotisations, furent portées sur des feuilles détachées Dans la seconde descente opérée au siège social, rue Chapon, 19, on s'empara de toutes ces pieces, sans en excepter même le papier entièrement blanc La justice a donc eu à sa disposition tous les éléments et toutes les explications concernant la comptabilité

Ce que les membres de la seconde commission ont refusé de produire, ce sont les comptes des souscriptions encaissées pour aider la grève des ouvriers de Genève Les sommes versées en ce cas par les ouvriers de Paris, pour aider leurs camarades, ne l'étaient qu'à titre de prêt Leur gestion ne peut intéresser que les prêteurs et les emprunteurs Cette comptabilité étant completement en dehors de celle de l'*Association*, les membres de la seconde commission étaient pleinement en droit de se refuser à la faire connaitre, et nous espérons de plus que le public, en cette circonstance, comprendra facilement pourquoi on a refusé de livrer les feuilles de souscription et les noms des souscripteurs

Quant a ce qui concerne la comptabilité proprement dite de l'*Association internationale*, ou tout se faisait au grand jour, cette comptabilité a toujours été à la disposition de tous les adhérents, et jamais nous n'avons refusé de la faire connaître, et de la laisser contrôler jusque dans ses moindres détails

Nous ne voulons pas permettre qu'il reste dans l'esprit du public quelque obscurité ou quelque doute dans une question aussi délicate qu'une question de comptabilité

Agréez, etc

Pour nos collègues et par delegation

A Murat, 200, rue Saint-Maur, A Combault, rue Dombasle, 21 (Vaugirard), H Tolain, 24, rue Lesage

ASSOCIATION INTERNATIONALE

DES TRAVAILLEURS

STATUTS

Considérant :

Que l'émancipation des travailleurs doit être l'œuvre des travailleurs eux-mêmes, que les efforts des travailleurs pour conquerir leur émancipation ne doivent pas tendre à constituer de nouveaux privileges, mais à établir pour tous des droits et des devoirs égaux et à aneantir toute domination de classe

Que l'assujettissement economique du travailleur à l'accapareur des matieres premières et des instruments de travail, est la source de la servitude dans toutes ses formes misère sociale, degradation mentale, soumission politique,

Que, pour cette raison, l'émancipation économique des classes ouvrières est le grand but auquel tout mouvement politique doit être subordonne comme un simple moyen,

Que tous les efforts faits jusqu'ici ont echoué faute de solidarite entre les ouvriers des diverses professions dans chaque pays, et d'une union fraternelle entre les travailleurs des diverses contrées,

Que l'emancipation des travailleurs n'est pas un problème simplement local ou national, qu'au contraire, ce problème interesse toutes les nations civilisees, sa solution etant necessairement subordonnee à leur concours theorique et pratique,

Que le mouvement qui reparaît parmi les ouvriers des pays les plus industrieux de l'Europe, en faisant naître de nouvelles esperances, donne un solennel avertissement de ne pas retomber dans les vieilles erreurs, et conseille de combiner tous les efforts encore isolés,

Par ces raisons

Le Congrès de l'Association internationale des travailleurs, tenu à Genève le 3 septembre 1866, déclare que cette Association, ainsi que toutes les Sociétés ou individus y adhérant reconnaîtront la *vérité*, la *justice*, la *morale* comme devant être la base de leur conduite envers tous les hommes sans distinction de couleur, de croyance ou de nationalité

Le Congrès considère comme un devoir de réclamer non-seulement pour les membres de l'Association, les droits d'homme et de citoyen, mais encore pour quiconque accomplit ses devoirs *Pas de devoirs sans droits, pas de droits sans devoirs*

C'est dans ce but que le Congrès a adopté définitivement les suivants Statuts de l'Association internationale des travailleurs

Article premier L'Association est constituée pour procurer un point central de communication et de coopération entre les ouvriers des différents pays, aspirant au même but, savoir le concours mutuel, le progrès et le complet affranchissement de la classe ouvrière

Art 2 Le nom de cette association, est *Association internationale des travailleurs*

Art 3 Il est établi un Conseil général se composant de travailleurs représentant les différentes nations faisant partie de l'Association internationale Il prendra dans son sein, selon les besoins de l'Association, les membres du bureau, tels que président (1), secrétaire général, trésorier et secrétaires particuliers pour les différents pays.

Tous les ans, le Congrès réuni indiquera le siège du Conseil général, nommera ses membres en lui

(1) Voir page 9, Résol. I

laissant le droit de s'adjoindre des membres supplémentaires, et choisira le lieu de la prochaine réunion

A l'epoque fixée pour le Congrès, et sans qu'il soit necessaire d'une convocation speciale, les delégues se réuniront de plein droit aux lieu et jour designés. En cas de force majeure, le Conseil géneral pourra changer le lieu du Congres, sans en changer, toutefois, la date

Art 4 A chaque Congrès annuel, le Conseil géneral publiera un rapport des travaux de l'annee. En cas d'urgence, il pourra convoquer le congrès avant le terme fixe

Art 5 Le Conseil genéral établira des relations avec les différentes Associations ouvrières, de telle sorte que les ouvriers de chaque pays soient constamment au courant du mouvement de leur classe dans les autres pays, qu'une enquête sur l'etat social soit faite simultanement et dans un même esprit, que les questions proposees par une Societe, et dont la discussion est d'un interêt genéral, soient examinées par toutes, et que, lorsqu'une idee pratique ou une difficulte internationale reclamera l'action de l'Association, celle-ci puisse agir d'une maniere uniforme Lorsque cela lui semblera necessaire, le Conseil general prendra l'initiative des propositions à soumettre aux Societes locales ou nationales.

Il publiera un bulletin (1) pour faciliter ses communications avec les bureaux correspondants

Art 6 Puisque le succès du mouvement ouvrier ne peut être assuré dans chaque pays que par la force resultant de l'union et de l'Association, que, d'autre part, l'utilite du Conseil général sera d'autant plus grande que son action sera moins disseminée, les membres de l'Association internationale devront faire tous leurs efforts, chacun dans leur pays, pour réunir

(1) Voir page 9, Resol III

en une Association nationale les diverses Sociétés ouvrières existantes Il est bien entendu, toutefois, que l'application de cet article est subordonnee aux lois particulieres qui regissent chaque nation Mais, sauf les obstacles legaux, aucune Sociéte locale n'est dispensee de correspondre directement avec le Conseil géneral

Art 7. Chaque membre de l'Association internationale, en changeant de pays, recevra l'appui fraternel des membres de l'Association Par cet appui, il a droit aux renseignements relatifs à sa profession dans la localite où il se rend, au credit, dans les conditions determinées par le règlement du bureau dont il fait partie, et sous la garantie de ce même bureau

Art 8 Quiconque adopte et défend les principes de l'Association internationale, peut en être reçu membre, mais cela, toutefois, sous la responsabilite du bureau qui le recevra

Art 9 Chaque bureau est souverain pour nommer ses correspondants au Conseil general.

Art 10 Quoique unies par un lien fraternel de solidarite et de cooperation, les Societés ouvrières n'en continuent pas moins d'exister sur les bases qui leur sont particulières

Art 11 Tout ce qui n'est pas prévu par les Statuts sera determine par les reglements, révisibles à chaque Congrès.

RÈGLEMENT

1 Le Conseil général est obligé d'exécuter les résolutions du Congres

Il rassemble dans ce but tous les documents que les bureaux correspondants des differents pays lui enverront et ceux qu'il pourra se procurer par une autre voie.

Il est chargé d'organiser le Congrès et de porter son programme à la connaissance de toutes les sections par l'intermédiaire des bureaux correspondants des differents pays

2 Le Conseil général publiera, autant et aussi souvent que ses moyens le lui permettront, un bulletin qui embrassera tout ce qui peut interesser l'Association internationale offre et demande de travail dans les différentes localites, Societes cooperatives, état des classes laborieuses dans tous les pays, etc

3 Ce bulletin, rédigé dans plusieurs langues, sera envoyé gratis aux differents bureaux correspondants

4 Pour faciliter au Conseil genéral l'execution des devoirs qui lui sont imposes par les articles ci-dessus, tout membre de l'Association et des Societes adhérentes versera une cotisation annuelle fixée par chaque Congrès.

Cette cotisation est destinée à couvrir les nombreuses depenses du Conseil general, comme appointements du secretaire general, frais de correspondance, de publications, travaux preparatoires pour le Congrès, etc

5 Partout où les circonstances le permettront, des bureaux centraux reunissant un certain nombre de sections de la même langue seront établis Les membres de ces bureaux, elus et revocables à chaque moment par leurs sections respectives, doivent envoyer leurs rapports au Conseil general une fois par mois et plus souvent s'il est necessaire

6 Les frais d'administration de ces bureaux seront supportes par les sections qui les auront etablis.

7 Les bureaux centraux, ainsi que le Conseil général de l'Association, ont pour seule mission de faire honneur au credit ouvert aux membres de l'Association par leurs bureaux respectifs, mais autant seulement que le carnet du membre crédité sera visé par le secretaire du bureau dont il fait partie

En cas que le bureau auquel le membre adresse la

demande n'ait pas de fonds disponibles, il est en droit de tirer à vue sur la section qui garantit le crédit.

8 Les bureaux correspondants sont obliges de communiquer, sans retribution, à tout membre de l'Association qui en fera la demande, le bulletin du Conseil général.

9. Chaque bureau, quel que soit le nombre de ses membres, a le droit d'envoyer un delégué au Congrès. Si un bureau n'est pas en etat d'envoyer un délégué, il s'unira avec les bureaux voisins pour nommer un délegue commun;

10 Les delégués recevront l'indemnité du bureau ou du groupe de bureaux qui les ont nommés,

11 Chaque membre de l'Association internationale est electeur, tout electeur est eligible s'il remplit les conditions determinees par le Reglement particulier du bureau auquel il appartient,

12 Chaque bureau, ou groupe de bureaux, compose de 500 membres et au-dessous, a droit d'envoyer un delegué au Congrès, et un delegué en plus pour chaque 500 et fraction de 500 au-dessus,

13 Chaque delegue n'a qu'une voix au Congrès,

14. Il est libre a chaque section de rédiger ses Statuts particuliers et ses Reglements, conformement aux circonstances locales et aux lois de son pays, en tant qu'ils ne sont en rien contraires aux Statuts et Reglements generaux,

15 La revision des presents Statuts et Règlements peut être faite par chaque Congres, a la demande des deux tiers des delegués presents

---

Résolutions administratives votées par le Congrès de Bale.

I Considérant qu'il n'est pas digne d'une Sociéte ouvriere de maintenir dans son sein un principe monarchique et autoritaire, en admettant des presidents, lors même que ceux-ci ne seraient investis d'aucun pouvoir, les distinctions purement honorifiques étant encore une atteinte aux principes democratiques,

Le Congrès engage toutes les sections et Sociétes ouvrières affiliees a l'Internationale, a abolir la presidence dans leur sein

II Tous les journaux contenant des attaques contre l'Association, doivent être aussitôt envoyes au Conseil general par les sections respectives.

III Les adresses des bureaux et du Conseil général seront publiees tous les trois mois dans les journaux de l'Association.

IV Chaque nouvelle section ou Société qui se forme et veut faire partie de l'Internationale doit annoncer immediatement son adhesion au Conseil géneral

V Le Conseil general a le droit d'admettre ou de refuser l'affiliation de toute nouvelle Societe ou groupe, sauf l appel au prochain Congrès

Toutefois, la ou il existe des groupes federaux, le Conseil géneral, avant d'admettre ou de refuser l'affiliation d'une nouvelle section ou Societe, devra consulter le groupe, tout en conservant son droit de decision provisoire

VI Le Conseil général a également le droit de suspendre, jusqu'au prochain Congres, une section de l'Internationale

Tout groupe, de son côté, pourra refuser ou exclure de son sein une section ou societe, sans toutefois pouvoir la priver de son caractere d'internationalite, mais il pourra en demander la suspension au Conseil general

VII Lorsque des demêlés s'eleveront entre des Sociétés ou branches d'un groupe national, ou entre des groupes de différentes nationalites, le Conseil géneral aura le droit de decider sur le differend, sauf appel au Congrès prochain, qui decidera definitivement

VIII. A l'avenir, ne seront plus admis à siéger et

à voter dans le Congrès, que les délégués des Sociétés, sections ou groupes affiliés à l'Internationale et qui sont en règle avec le Conseil général, pour le payement de leurs cotisations.

Toutefois, pour les pays où l'Association internationale rencontre des difficultés pour s'etablir à cause des lois, les delégués des Societés ouvrières corporatives seront admis à discuter les questions de principes, mais ne pourront discuter et voter les questions administratives

IX. La cotisation, spécifiée à l'article 4 du Règlement, est fixée, pour l'année 1869-70, à 10 centimes par adhérent

---

Résolutions sur la question de la propriété foncière.

1. Le Congrès declare que la société a le droit d'abolir la propriété individuelle du sol et de faire rentrer le sol à la communauté.

2 Il déclare encore qu'il y a nécessité de faire rentrer la propriéte du sol à la propriété collective.

Résolutions sur la question des Sociétés de résistance.

Le Congrès est d'avis que tous les travailleurs doivent s'employer activement à créer des Sociétés de resistance dans les differents corps de métiers.

A mesure que ces Societés se formeront, il invite les sections, groupes féderaux, ou conseils centraux, à en donner avis aux Sociétés de la même profession, afin de provoquer a la formation d'unions internationales de corps de metiers Ces fedérations seront chargees de reunir tous les renseignements intéressant leur industrie respective, de diriger les mesures à prendre en commun, de regulariser les grèves et de travailler activement à leur reussite, en attendant que le salariat soit remplacé par la fédération des producteurs libres.

Le Congrès invite, en outre, le conseil général à servir, en cas de besoin, d'intermédiaire à la féderation des Sociétés de résistance de tous les pays.

Résolution sur les cahiers du travail.

Considérant que tout en discutant les questions théoriques, le Congrès doit prendre des mesures pratiques pour porter à la connaissance de tous les adhérents la situation des travailleurs et celle de l'industrie dans chaque pays

Se fondant sur l'article 5 du Réglement général,

Le Congrès invite les Societes ouvrières à faire parvenir au Conseil géneral, dans le courant de l'année, une statistique aussi detaillée que possible sur le nombre des ouvriers de chaque spécialité, sur le taux des salaires, sur le prix de revient des produits, sur le prix de vente, sur les griefs des ouvriers, ainsi que tous renseignements qui pourront être recueillis sur les matières premières et les débouches dans chaque industrie.

STATUTS

DE

LA FÉDÉRATION

DES

SECTIONS PARISIENNES DE L'INTERNATIONALE

---

1. Il est établi entre les sections parisiennes de l'Internationale une fédération ayant pour but de faciliter les relations de toute nature entre les divers groupes de travailleurs

Cette féderation est administrée et représentee par un Conseil federal.

Constitution du Conseil fédéral.

2 Le Conseil fédéral est composé des délégués des diverses sections federees

Le nombre des delegues est regle comme il suit

Une section comprenant 50 membres au plus est representee par un delegue, de 51 à 100, par 2, — de 101 à 500, par 3, — de 501 à 1.000, par 4, — de plus de 1,000, par 5

Chaque section nommera un nombre egal de delegués suppléants

Chaque section nomme et change ses délégués comme il lui convient Chacun d'eux doit, au commencement de la seance du Conseil federal, se faire inscrire auprès du secretaire d'interieur qui verifie son mandat avec appel a l'Assemblee, si le secretaire ou tout autre membre en fait la demande

3 Aux premières séances d'avril et d'octobre, le Conseil federal nommera son bureau forme de . un tresorier, un secrétaire des séances, deux correspondants pour l'exterieur, trois pour la France Ces nombres pourront être augmentés s'il est necessaire

Les membres du bureau sont constamment révocables par le Conseil. Les vacances doivent être immédiatement remplies.

Rapport du Conseil fédéral avec le Conseil général.

4 Conformément à l'article 5 des Statuts généraux et à l'article 5 du Règlement annexé le Conseil féderal se mettra en communication avec le Conseil général, il lui enverra tous les mois un exposé de l'etat de l'Internationale a Paris

Reciproquement, conformément aux articles 5 des Statuts, 2, 3, 8 du Règlement, ces derniers modifies par l'art 3 des résolutions administratives votees à Bâle, le Conseil genéral devra envoyer tous les trois mois, au Conseil federal parisien, un exposé de la situation de l'Association internationale dans tous les pays.

Rapport du Conseil fédéral avec les sections fédérées.

5 Toute section voulant faire partie de la federation parisienne, doit deposer deux exemplaires de ses Statuts et de son reglement particuliers, l'un destiné au Conseil géneral (Regl gen , art 14)

6 Conformement a la resolution 5 de Bâle, le Conseil géneral avant d admettre ou de refuser l'affiliation d'une nouvelle section ou Societe formee à Paris, devra consulter la federation parisienne

7. Conformement à la resolution 6 de Bâle, la fédération parisienne peut refuser l'affiliation d'une section ou Société, l expulser de son sein, sans pouvoir la priver de son caractère d internationalite, le Conseil general pouvant seul en prononcer la suspension, le Congrès, la suppression.

8 Le Conseil federal dispose pour ses diverses depenses correspondances, propagande, etc , du budget suivant

Chaque section adhérente à la fedération lui paye 10 centimes par membre et par mois

(Il pourra y avoir transaction pour ce chiffre avec

les Sociétés ouvrières contribuant déjà aux frais d'une féderation)

L'un des delegues de la section doit verser à la première Assemblée du mois la somme calculee entre les mains du tresorier Celui-ci fait connaître à la troisième reunion mensuelle, par une note affichee au local, les sections qui ne sont pas en règle

Après un mois de retard la suspension de la section est de droit ses délégués n'ont plus voix au Conseil, après trois mois la radiation est prononcée.

Le Conseil peut, avec motifs à l'appui, voter des dépenses superieures à son budget, et fixer proportionnellement la contribution supplementaire de chaque section Mais, dans ce cas, la contribution reste purement facultative.

Rapport du Conseil fédéral avec les membres.

9 Peuvent assister comme auditeurs aux séances du Conseil les membres des sections parisiennes féderees et les membres des sections etrangères de passage à Paris

Les membres de l'Internationale n'appartenant régulièrement à aucune section, n'ont pas droit à être admis aux seances.

10 Les actes du Conseil fédéral seront soumis à l'approbation des Assemblees génerales des sections parisiennes qui auront lieu au moins tous les trois mois

Si ce contrôle présentait dans la pratique quelques difficultes, l'Assemblee genérale pourrait être remplacée par une reunion de delegués speciaux en nombre triple des délegués au Conseil fedéral.

Révision des Statuts.

11 Les Statuts pourront être révisés par l'Assemblee génerale sur la demande d'un ou de plusieurs groupes, communiquee au moins un mois d'avance aux sections federées

TABLE DES MATIÈRES

AUDIENCE DU 20 MARS 1868

COUR IMPÉRIALE DE PARIS

Chambre correctionnelle

Presidence de M Saillard

AUDIENCE DU 22 AVRIL 1868

COUR IMPÉRIALE DE PARIS

Chambre correctionnelle

Présidence de M Falconnet

AUDIENCE DU 19 JUIN 1868

AUDIENCE DU 24 JUIN 1868

376—Paris Association générale typographique, faub St-Denis, 19
Berthelemy et Cᵉ

www.ingramcontent.com/pod-product-compliance
Ingram Content Group UK Ltd.
Pitfield, Milton Keynes, MK11 3LW, UK
UKHW020322230726
13925UKWH00002B/576

9 782014 096873